丛书编委会

大家精要
典藏版丛书

简读

伏尔泰

邓玉函　著

陕西师范大学出版总社　西安

图书代号　SK24N1799

图书在版编目(CIP)数据

简读伏尔泰 / 邓玉函著 . — 西安：陕西师范大学
出版总社有限公司，2024.9
（大家精要：典藏版 / 郭齐勇，周晓亮主编）
ISBN 978-7-5695-4183-0

Ⅰ.①简…　Ⅱ.①邓…　Ⅲ.①伏尔泰（Voltaire，
Francois-Marie，Arouet 1694-1778）—人物研究　Ⅳ.
①K835.655.6

中国国家版本馆 CIP 数据核字（2024）第 026695 号

简读伏尔泰
JIAN DU FU'ERTAI

邓玉函　著

出 版 人	刘东风	
策划编辑	刘　定　陈柳冬雪	
责任编辑	王淑燕	
责任校对	陈柳冬雪	
封面设计	龚心宇　张潇伊	
出版发行	陕西师范大学出版总社	
	（西安市长安南路 199 号　邮编 710062）	
网　　址	http://www.snupg.com	
印　　制	深圳市福圣印刷有限公司	
开　　本	889 mm×1194 mm　1/32	
印　　张	6.5	
插　　页	4	
字　　数	120 千	
版　　次	2024 年 9 月第 1 版	
印　　次	2024 年 9 月第 1 次印刷	
书　　号	ISBN 978-7-5695-4183-0	
定　　价	49.00 元	

读者购书、书店添货或发现印装质量问题，请与本公司营销部联系、调换。
电话：（029）85307864　85303629　　传真：（029）85303879

目 录

序　言

　　"伏尔泰的名字所代表的不只是一个人，而是整整一个时代。"

　　欧洲由野蛮走向文明，经历了"需要和产生巨人"的文艺复兴及启蒙运动的时代。那是一场（在有的国家是一场又一场）狂飙、一阵怒潮，席卷和涤荡着神权、君权、贵族权、庄园主之权……以及为它们服务的一切迷信邪说，"人"又重新放声歌颂自己，"人"又夺回了在社会中应有的地位。法国大革命更是启蒙运动的成果，运动的领袖正是彼此呼应而各有千秋的伏尔泰、孟德斯鸠、卢梭和狄德罗等。伏尔泰（1694—1778）是 18 世纪法国资产阶级启蒙运动的旗手，被誉为"法兰西思想之王""法兰西最优秀的诗人""欧洲的良心"。恩格斯评价伏尔泰说："整个欧洲都在聆听他的声音。"雨果说："伏尔泰的名字所代表的不只是一个人，而是整整一个时代。"

在18世纪的法国，伏尔泰是一位极有声望的小说家、戏剧家和诗人，同时又是杰出的哲学家。就其社会影响而言，他是法国启蒙运动的领袖和导师，堪称当时欧洲思想界的泰斗。法国著名的传记作家安德烈·莫洛亚在《伏尔泰评传》中曾这样说："正如17世纪是路易十四的世纪一样，18世纪是伏尔泰的世纪。"他以罕见的胆略，遒劲的笔力，动摇了封建专制的精神支柱，为催促未来的共和国的诞生吹响了号角。他以极其多样而有益的社会活动，赢得了广泛的声誉。他赞成什么，反对什么，整个社会都倾听着他的意见。单就其赫赫的威望而言，他对人类进步事业的贡献，就比同时代的孟德斯鸠、狄德罗、卢梭等启蒙作家要大得多，正如同时代的评论家杜威尔纳所说："任何国君也不能有如此类似的威望来控制舆论。"《法国大革命年鉴》中记载了对伏尔泰的著名评论："他的笑声中有一种革命性。在教堂或者王宫里，人们是不能笑的，至少不能开怀大笑。农奴在主人面前连微笑的权利都没有。只有平等的人之间才可以笑。伏尔泰的笑声远比卢梭的哭声破坏性更大。"在文坛上，伏尔泰是个多产作家。他尝试过各种文艺体裁，先后写过抒情诗、讽刺诗、诗简、短歌行、史诗；创作过悲剧、喜剧和哲理小说；编纂过历史书籍、风俗政论；撰写过哲学著作和自然科学的通俗读物。他的全集有七十卷之多，搜集各类著作二百六十余种。在文学方面，以诗歌和戏剧居多，以哲理小说为最佳。由于他在文学、艺术、哲学、科学等多方面都取得了卓越的成就，因此，人们称赞他为"科学和艺术共和国的无冕皇帝"。伏尔泰毕生的社会实践与艺术贡献，完全无愧于这样光荣的称号。

伏尔泰留下洋洋数百万言的皇皇巨著，本书不可能一一列举伏尔泰的所有作品，而是随伏尔泰的人生经历铺展开来，向读者展现伏尔泰的重要著作，从中感受那个造就思想者的风云时代给予伏尔泰的非凡智慧和犀利思想。

第1章

童年与成长

1694 年 11 月 21 日，伏尔泰出生在巴黎新桥附近的一个富裕的资产阶级家庭里。伏尔泰的父亲弗朗索瓦·阿鲁埃担任过皇家顾问，做过巴黎夏德莱区的法律公证人和审议院的司务。伏尔泰的母亲名叫玛丽·玛格丽特·德·阿鲁埃，她姓名前的"德"字表明了她是来自有贵族血统的家庭，这给阿鲁埃的家庭带来了不少的荣耀。伏尔泰是这个家庭的第五个孩子，在受洗礼时，父母给他取名为弗朗索瓦·玛丽·阿鲁埃。令他的父母深感焦虑的是，这个孩子出生时非常虚弱，甚至不能送到教堂接受洗礼，只能在家里举行洗礼仪式。每天早晨保姆都会下楼告诉他的母亲："这个孩子活不过一小时了。"然而，这个孩子不仅活下来了，而且还经历了八十四年的漫长人生，他就是后来以笔名伏尔泰蜚声世界的法国启蒙时代的思想巨星和领袖。

伏尔泰的家庭属于第三等级的市民阶层。18世纪的法国是僧侣、贵族主宰一切的封建专制社会：第一等级称为僧侣；第二等级是贵族；资产阶级、小资产阶级、无产阶级前身以及广大农民属于第三等级。第一、第二等级是特权等级，是封建统治阶级；第三等级是被统治阶级，处于无权地位。

能背诵《摩西亚特》全诗的3岁神童

"基督徒，暹罗人，大家都研究推敲，有人说白，有人说黑，总是不一致。无聊与盲信之徒，会轻易接受最荒诞的神话。"这是不可知论者卢德写的一首关于摩西的圣诗《摩西亚特》，是在法国公开攻击宗教的第一首诗。这首诗中描述了一个名为摩西的人根本就没有见到过神，不知道神是什么样子的，但是摩西却说自己看见了神的显灵。他把自己关于宗教统治的政治观点以欺骗的手段贩卖给轻信的人。这一首诗揭露了摩西是一个地地道道的骗子。伏尔泰的父亲老阿鲁埃在他出生接受洗礼后就把他交给了教父夏托纳夫神父负责他的教育。夏托纳夫神父发现这个孩子虽然生来体质弱，却精力旺盛，聪明过人，于是在伏尔泰3岁时就开始教他背诵寓言诗和这首《摩西亚特》。年仅3岁的他已经能够背诵《摩西亚特》全诗，以至于夏托纳夫神父曾经很得意地对他的友人们夸赞伏尔泰过人的天资禀赋。

伏尔泰作为阿鲁埃家的第五个孩子，本来有三个哥哥、一个姐姐和一个妹妹，最终却只有比他大十岁的哥哥阿尔芒和比他小五岁的妹妹玛利亚长大成人。夏托纳夫神父原来教伏尔泰背诵这首哲理诗的用意是想刺激他的哥哥阿尔芒，因为阿尔芒是冉森教派的虔诚信徒和崇拜者。冉森教派是一个基督教派，在1660年到1685年间，法国人曾经认为君主制度是法国最好的政府形式。然而，冉森教派却在"政治理论"上对这种习惯性的政治偏见作出了革新尝试。从1660年开始，冉森派教徒对王权的批评延续了一个世纪，在某种意义上起到了思想启蒙的作用。冉森教派教徒是一个"自足"的团体，不和国家"来往"。尽管冉森教派教徒从不公开承认，但被认为是拥护共和政体的。冉森教派与加尔文新教有相似之处，比如他们都信奉奥古斯丁的思想而不相信罗马教廷。冉森教派教徒中最著名的就是帕斯卡，他的《思想录》几乎影响了18世纪每个法国思想家，可以说，他们中的每个人都根据自己的需要截取发挥《思想录》的片段。在这个意义上，《思想录》是整个18世纪法国启蒙思想的重要来源。冉森教派发展到 18 世纪时虽然披着神衣，却已经开始在世俗生活中渗透。它主张直接民主制的观点，和启蒙时代的另一位领袖级人物卢梭的"公意说""主权在民说"不谋而合。对于阿鲁埃家的教父夏托纳夫神父来说，阿尔芒作为一个 13 岁的孩子就深深地崇拜与当权君主制度相抗衡的冉森教派是不正确的，他视阿尔芒为狭隘的宗教崇拜者。但是，夏托纳夫神父没有想到的是让 3 岁的伏尔泰背诵了这首哲理诗，却在伏尔泰心中埋下了怀疑论的种子，对他后来的思想形成有深刻的影响。这首哲理诗直接刺激了伏尔泰长大后厌恶盲目的宗教狂热，并蔑视一切精神权威。

伏尔泰 7 岁时母亲去世，他的父亲对两个儿子的教育投入了很大的精力。他经常告诫他们：要学会了解并维护自己的社会地位。老阿鲁埃从自己的亲身经历中体会到：要在这个等级森严的社会里立足，就要有过人的才智和胆识；在心灵和知识上要超越那些比自己地位高的人，但绝不能溢于言表；要调节自己的行为，克制自己的情绪，尽量适应环境，不能让他人觉得自己有什么优势，更不能让他人感到自己的存在是他们潜在的威胁。这和中国儒家"极高明而道中庸"的处世原则有点相似。处于法国第三等级的阿鲁埃家庭在封建专制制度里是没有政治地位的阶层，不敢奢求能够获得政治特权，只希望自己家庭的财产能够得到妥善的保护，减少一些苛捐杂税。因此老阿鲁埃对自己孩子最大的期望就是能够老老实实做人，安安稳稳过日子。伏尔泰却把父亲的忠告当作耳边风。他渴望与出身高贵的人平起平坐，并且丝毫不掩饰自己在智力上的优越。伏尔泰与哥哥阿尔芒的性格、气质完全不同。他活泼、机敏、诙谐，而阿尔芒严肃、稳重，迷恋于宗教狂热。夏托纳夫神父常常让兄弟俩编写讽刺短诗相互逗乐取笑，年龄小得多的伏尔泰常常出口成章，使他的哥哥望尘莫及，尴尬不已。老阿鲁埃对两个儿子的前途忧心忡忡：大儿子正在一种有可能马上会被取缔的宗教上糟蹋自己的命运和前途；小儿子却尽情玩乐，随心所欲。鉴于阿尔芒过分虔诚的教训，老阿鲁埃再也不敢把小儿子送到阿尔芒曾经待过的奥拉多利安修道院，而是一直把小儿子留在自己的身边，亲自管教这个性格独特的孩子。作为18世纪典型的中产阶级，老阿鲁埃像其祖辈一样，循规蹈矩、勤勤恳恳地工作，讲求实际，头脑精明，但是缺乏想象力，不敢抛头露面，更缺少文学艺术的细胞。他虽然也尊重文学和艺术，但把时间和全部精力倾注到了自己的账簿中，一心一意地考虑着经济收入和家庭生活的舒适。伏尔泰后来在自己的一封信中曾谈起过父亲的一段逸事：一天老阿鲁埃对家里的园丁大发脾气，当时剧院正在上演一出名为《爱发牢骚的人》的戏，伏尔泰硬要父亲带他去看戏。事先，他悄悄串通演员在独白中加上他父亲斥责园丁的话。看完戏后，老阿鲁埃受到启发，承认自己的过失，表示以后再也不会这样对待他人了。老阿鲁埃除了带给伏尔泰一个精明的商业头脑外，几乎没有在其他方面对伏尔泰产生影响。在伏尔泰的成长过程中，对他影响最大的人是圣路易中学的一些老师。

"坏家伙！总有一天你会成为法国自然神论的宣传者！"

伏尔泰10岁时被父亲送进了耶稣会主办的圣路易中学学习。这是一所为贵族子弟办的学校，也是当时巴黎少数几所名牌中学之一。老阿鲁埃不属于贵族，但是他从自己的社会地位和儿子的前途着想，认为只有上这个中学儿子才有成才的希望。圣路易中学是一所既开明又守旧的学校。一方面，它继承了文艺复兴时代的进步传统，常在校园内举办拉丁语或法语的戏剧表演。这使得伏尔泰从小就对丰富多彩的戏剧艺术产生了浓厚的兴趣。另一方面，学校又恪守贵族社会严格的等级制度。这是一所寄宿学校，在这里就读的大臣、贵族子弟可以带着仆人住单间，而普通资产阶级的子弟只能挤在集体宿舍。这种以门第、财富来区分贵贱的习俗，一直渗透到课堂教学中。年少的伏尔泰对此常愤愤不平，在他那纯洁天真的意识里，逐渐孕育着立志抗议社会不平等的种子。在18世纪初期，圣路易中学采取的是规范化的传统教育。它的课程除了神学之外，还有希腊文、拉丁文、修辞学、诗学、医学、历史和戏剧，注重培养学生对古典文学的兴趣。耶稣会讲究礼仪，注意教育学生熟悉上流社会的礼节。耶稣会教育虽然在当时名重一时，但是由于他们过分因袭旧的传统，很少开设反映当时先进科学和技术的课程。

伏尔泰后来曾抱怨说："我不知道帕维亚在什么地方，我不知道我出生地的情况。我既不知道我的祖国的制度，也不了解祖国的利益，没有数学，也没有健全的哲学。我学会了拉丁文和大量无意义的东西。"但是圣路易中学呆板守旧的教学并没有束缚住伏尔泰的才华，他思维敏捷，学习勤奋，常常发表一些与众不同的高论。在圣路易中学学习期间，他的文学天赋逐渐引起老师们的注意。12岁时，伏尔泰居然根据古罗马传说写出了一部题为《阿穆利乌斯和努弥托耳》的悲剧。同时，伏尔泰能轻而易举地写出辞藻华丽优美感人的诗句。据说有一天，一位老兵来到圣路易中学请求教士给他写一首恳求上帝之爱的诗，以献给自己服役部队的王爷。学校的卜莱神父把这件差事交给了伏尔泰。伏尔泰沉吟片刻后，挥笔写下了几行优美动听的诗句，那位王爷读后深受感动，破例发给那位老兵一笔可观的年金。因此，圣路易中学的教师对伏尔泰有较高的评价。卜莱神父曾夸奖伏尔泰说："他喜欢把欧洲重大的问题放在他的小秤上称称。"保罗神父也称赞伏尔泰说："他写作的能力训练有素，他的文体非常优美，他的思维方式大胆，富有想象力……"伏尔泰的启蒙老师夏托纳夫神父曾把他的一首诗作拿给友人尼侬夫人看，这位80岁高龄的老夫人非常欣赏小作者的才华，立即要求神父把作者带来见她。当夏托纳夫神父把伏尔泰带来时，她与伏尔泰交谈了一些有关文学和冉森教派的问题。她发现，这位少年非常聪明伶俐，胆识过人，因而对其十分赏识，视其为神童。尼侬夫人在1705年去世前，还念念不忘这位仅有一面之交的神童，因此她留下遗嘱给伏尔泰一笔数目为两千利弗尔的赠款，作为他购置书籍之用。

伏尔泰虽然聪明过人，深得学校老师的赏识和好评，但有时也令老师们烦恼。这位中学生毕竟还是个孩子，因而难免有顽皮的时候。根据圣路易中学的惯例，要等到小礼拜堂圣水缸里的水结了冰，才给学生们生炉子取暖，而体弱怕冷的伏尔泰却常常在老师不注意时把院子里的冰块捡来，悄悄地放入圣水缸里。伏尔泰的传记作家安德烈·莫洛亚说："这种恶作剧可说是他命运的先兆。"少年的伏尔泰并不爱读中世纪的冒险传奇故事，他与同龄的学友不同，从小爱读成人的读物。他熟读了一些宣传自由思想的书籍，尤其是哲学家毕耶尔·贝尔的著作引起了他的浓烈兴趣。贝尔是法国启蒙运动的先驱者，他因反对教会而被路易十四放逐。贝尔在他的《历史和批判词典》等哲学著作中，运用大量的事例，论证了教会的贪婪、残暴以及天主教教义的伪善本质。他主张把哲学从中世纪的宗教神学桎梏中解放出来，归还给人类。少年的伏尔泰也许还不可能真正懂得这些书中所阐述的哲学原理，但是，贝尔那种以哲学中的怀疑原则，向宗教狂热和宗教教义挑战的精神，却对伏尔泰产生了深刻的影响，使他从小就敢说敢做，桀骜不驯。在圣路易中学的一次激烈争吵中，伏尔泰向一个年龄相仿的孩子喊道："滚开，否则，我就把你送到'普鲁通'（相当于中国神话中的阎罗殿）那儿去烤火！"他的同伴反驳说："为什么不送到地狱去？那里不是更热一些吗？"伏尔泰却一本正经地回答："谁见过这些，它们是不是真的存在啊！"还有一次上课时，圣路易中学的教师雷亚神父又被这个小孩讽刺性的反驳气得恼羞成怒，他跳下讲坛，气冲冲走到伏尔泰的座位前，一把抓住他的衣领大声训斥道："坏家伙！总有一天你会成为法国自然神论的宣传者！"当时谁也不曾料到，这位耶稣教神父的斥骂声，竟成了伏尔泰日后思想发展的神奇预言。

伏尔泰在圣路易中学时，与豪门贵族之家的子弟一起学习，这也对他后来在政治激流中得以生存有一定益处。在这里，他与贵族子弟相处甚好，有一些人还成为他的终生好友，如达让塔尔伯爵、皮埃尔·罗伯特·西德维尔、达让松兄弟、里舍利厄公爵等。

第 2 章

从反政府诗人到悲剧作家

两进巴士底狱的法国最优秀诗人

天资不凡的伏尔泰被后人冠以很多头衔，但在他的成长过程中，他梦想的第一个荣耀是成为一名诗人。

1711 年 8 月，16 岁的伏尔泰在圣路易中学毕业。他向父亲声明要做一个诗人。这个良好的愿望却遭到父亲的坚决反对。在身为资产者的老阿鲁埃看来，诗人就等于废物，既不能养家糊口，又对社会毫无益处可言，其结果只能是拖累家庭。在那个时代，对于第三等级的非贵族出身的伏尔泰来说，只有两条路可走：要么念神学，背《圣经》，做教士，走教会的道路；要么学法律，考律师，当法官，走政界的道路。伏尔泰早就对读《圣经》、穿教袍的人深恶痛绝，因此，老阿鲁埃只得将他送进一所法科学校，希望儿子将来能晋级升官，光宗耀祖。在法科学校里，伏尔泰根本无心学习法律。他认为那一本本用僵死的拉丁文编写的法典简直像天书一样晦涩难懂。于是，伏尔泰更加坚定地选择了自己的终身职业，并开始为之努力。

伏尔泰还在圣路易中学读书的时候，便由夏托纳夫神父介绍，认识了菲力浦·德·望笃姆公爵。这位公爵是法国国王亨利四世私生子的后代，当时是法兰西大修道院院长。在他的寺院里，经常有一些失意的王公贵族聚集在一起，以古希腊哲学家伊壁鸠鲁的享乐主义为信条，过着奢侈放荡的生活，人们称其为"圣殿集团"。加入圣殿集团的还有一些文学家、艺术家。然而，这群人聚集在巴黎著名的圣殿里绝不仅仅是为了吃喝玩乐，他们在觥筹交错间也评议朝政，针砭时弊，甚至还发表一些富于思想性的敏锐政见。伏尔泰很乐意与这些贵族交往，常常出入于"圣殿集团"的寺院，和他们一起高谈阔论，饮酒赋诗。他谈锋犀利，妙语连珠，非常引人注目。一些风流贵族的女子时常把她们蹩脚的诗文拿来请他修改，他也乐此不疲。伏尔泰还常常应邀参加晚宴，在有公爵、侯爵、伯爵和他们夫人参加的晚宴上，给大家朗诵自己最新创作的诗文，每次都赢得大声喝彩和阵阵掌声。这使得这位不知天高地厚的年轻人欣喜若狂，情不自禁地流露出得意的神情。有一次，他甚至当着孔蒂亲王的面说："我们这里都是王子，都是诗人。"但是这一情况却使老阿鲁埃非常担忧，他想要设法寻找一个严肃的环境，把这个"放荡公子"教养成安分守法的顺民。

1713年6月，伏尔泰教父的兄弟德·夏托纳夫侯爵出任法国驻荷兰大使。为了给老阿鲁埃分忧，他同意接受伏尔泰做自己的随员。伏尔泰也为自己年纪轻轻就有一个出国任职的机会感到沾沾自喜。到了9月，19岁的伏尔泰跟随夏托纳夫侯爵来到了荷兰海牙。当时的荷兰已经是欧洲著名的思想自由之邦，海牙则是宗教信仰自由的中心。在这里，伏尔泰获得了更多的自由，他喜欢读法国禁止的报刊书籍，热衷于搜集在荷兰出版的所有这类出版物。在这期间，年轻的伏尔泰邂逅了他生命中的初恋——一位名为奥琳波的少女。但是，年轻人的感情总是经不住长辈固执的打压，伏尔泰的初恋遭到了奥琳波的母亲迪努瓦埃夫人的反对，并通过德·夏托纳夫侯爵出面阻止了两个年轻人的感情发展，并于1713年年底将伏尔泰送回了巴黎。

1714年年初，老阿鲁埃又通过熟人将伏尔泰安排在巴黎一家律师事务所任见习律师。伏尔泰讨厌律师办公室里的账房气味，常常去找"圣殿集团"的那帮朋友寻开心。这时候的伏尔泰刚满 20 岁，正是血气方刚、风华正茂的年华，他以写讽刺诗为起点，开始了他的文学创作生活。1714 年他写了一首讽刺诗《反鸡奸》，描绘从希腊到巴黎的同性恋的发展，并把这首诗题献给当时法国著名的女喜剧演员阿德烈娜·勒库弗勒小姐。同年，伏尔泰还写了另一首讽刺诗《污泥潭》。他的诗作言辞锋利，满篇警语，即使是那帮贵族纨绔子弟，也乐意邀请他去为他们的聚会助兴。于是伏尔泰撰写的讽刺即兴诗，首先在贵族圈子里传开了，人们称赞他为"反政府诗人"。

1717 年春，伏尔泰又发表了一首题为《幼主》的讽刺诗。这首诗从 7 岁的法国君主谈起，继而涉及那个摄政而乱伦的人，结尾是"法国将要灭亡"。摄政王大为恼怒，5 月17 日，伏尔泰被关进巴士底狱，在狱中被囚禁了十一个月。坐落在巴黎东南部的巴士底狱是法国封建专制统治的象征。长期以来，它以关押反封建的进步人士、革命者和异教徒而闻名于世。这里戒备森严，暗无天日，塔楼上的大炮时刻威胁着全城，庞大的牢门如虎口在吞噬着善良的人们。伏尔泰在他的小说中曾经描述道："卫兵们一声不出，像抬死人进墓园似的，把他抬进牢房……随即把大锁锁上，牢门十分厚实，装着粗大的栅栏。两个囚徒就此和整个世界隔绝了。"

1725 年 12 月的一天，伏尔泰与女演员勒库弗勒小姐一起在歌剧院的包厢里与法国最有权势的贵族浪子罗昂骑士相遇。罗昂早就对伏尔泰在巴黎上流社会受到尊敬愤愤不平，并且也正在追求这位勒库弗勒小姐。当他看到伏尔泰志得意满的神气，忍不住妒火中烧，他一定要当众羞辱一下这位得意忘形的诗人。于是，他傲慢地走到伏尔泰的面前，厉声喝问道："伏尔泰先生，阿鲁埃先生，你的姓氏究竟是什么？"伏尔泰不卑不亢地回答："骑士先生，我虽然没有一个显赫的姓氏，但我知道怎样使它显赫起来。"罗昂骑士作为罗昂公爵唯一的孙子，习惯于养尊处优、处处受人阿谀奉承，怎能容忍一个小小的平民顶撞自己，于是在几天后的一个中午让两个流氓教训了伏尔泰。受到无端的打击报复，伏尔泰急忙向他的贵族朋友寻求帮助。然而所有的人都不想得罪这个最有权势的罗昂家族，他们认为这无非是一位贵族揍了一位诗人罢了。伏尔泰终于认识到，他在贵族的眼里不过是一个装点门面的演艺者，要报仇雪耻只能依靠自己。于是他在1726年3月提出要与罗昂骑士决斗。骑士虽是官衔很高的军人，却不敢与伏尔泰决斗，他佯装应诺，暗地里却派人向国王报告，申诉伏尔泰的暴烈行为威胁国家的安定，建议把他投入监狱。巴黎当局早就对伏尔泰的行为不满，也想伺机整他一下，刚巧接到罗昂家人的密告，于是立即下令拘捕了伏尔泰。3月28日，国王签署命令再次把伏尔泰关进巴士底狱。这一事件，似乎纯属个人纠葛，其实不然，它是伏尔泰与法国专制政体长期冲突的结果。这次伏尔泰虽然只蹲了几天监狱，但他意识到自己无力对抗强大的敌人，辽阔的法兰西疆土已经没有他的立足之地了。于是他向国务大臣莫勒伯申请去英格兰。他获得了释放，条件是不准进入巴黎五十英里以内，不再向罗昂骑士挑衅。5月初，伏尔泰被押送到加莱，几天后渡过加莱海峡前往英格兰。

《俄狄浦斯》将批判矛头直指宗教神学思想

伏尔泰在刚从海牙回到巴黎的一段时间里，又和从前"圣殿集团"那一帮贵族纨绔子弟聚在一起，于是老阿鲁埃委托自己的一位朋友德·古马尔丁侯爵把伏尔泰带到侯爵家巴黎郊外的大别墅去居住，以教养这个"不听话"的年轻人。古马尔丁侯爵是一位资历颇深的政治家，在路易十四王朝的鼎盛时期，曾担任国家枢密官，因而非常熟悉宫廷的历史和人物，接触过大量外人无法接触的史料。他虽已风烛残年，但记忆力依然惊人。伏尔泰把父亲要他跟这位德高望重的老人学法律的教诲忘得一干二净，他感兴趣的是听这位80岁的老人讲亨利四世和路易十四朝廷的历史故事。正是在这位老人的启发下，伏尔泰开始构思他的史诗《亨利亚特》和历史著作《路易十四时代》。而这段难得的乡居时间和环境，也给伏尔泰带来了埋头创作的机会，他开始着手写作长诗《亨利亚特》和悲剧《俄狄浦斯》。1716年，伏尔泰在巴士底狱内完成了悲剧《俄狄浦斯》的写作。1718年4月11日，伏尔泰获释，附加条件是必须离开巴黎，返回老家夏德莱（离巴黎六千米的郊区），由家长监管。爱子心切的老阿鲁埃再次出面求情，得到达官贵人的谅解，不久摄政王允许伏尔泰返回巴黎。伏尔泰回到巴黎后的第一件事就是第一次以"伏尔泰"的笔名刊印出版了他的第一部重要的悲剧《俄狄浦斯》。在此后的六十年写作生涯中，"伏尔泰"成了他正式的名字。

《俄狄浦斯》是以古希腊悲剧作家索福克里斯的同名悲剧为蓝本写成的。相传古代国王拉伊俄斯和王后伊娥卡斯生下了一个儿子。根据神灵预言，这个后来取名为俄狄浦斯的儿子将犯"杀父娶母"之罪。国王与王后大为恐慌，为了摆脱可怕的厄运，他们决定将俄狄浦斯弃于深山林海之中。牧羊人怜悯这个无辜的小生命，便在深山里将这位婴儿转交给科林斯国王的牧羊人。由于当时科林斯国王无子嗣位，因而也乐于将婴儿留下。当俄狄浦斯18岁时，一个醉汉偶然告诉他，说他并不是科林斯国王的亲生儿子。俄狄浦斯不信，便亲自去问太阳神阿波罗，太阳神没有直接回答，只是告诉他"你将杀父娶母，并留下可恶的子孙留传后世"。俄狄浦斯万分惊恐，害怕在他自认为是亲生父母的身上得到应验，便悄悄离家出走，到底比斯城去。在从科林斯到底比斯的途中，他遇上了一位年迈的老人，这老人求神心切，恼恨俄狄浦斯不给他让路，便举棍殴打，俄狄浦斯夺棍自卫，谁知一棍下去，老人应声倒地，一命呜呼。他万万没有想到，他杀死的正是他的亲生父亲，底比斯国王拉伊俄斯。俄狄浦斯继续前进，来到了底比斯城下。这时，底比斯城正为狮身人面的妖怪斯芬克斯所困，全城上下没有一个人能猜中它的疑难之谜。俄狄浦斯决心拯救人类，自告奋勇去降伏这一怪物。那个怪物果然要他猜谜，斯芬克斯问："什么东西早晨四只脚，中午两只脚，晚上三只脚？"俄狄浦斯不假思索地回答道："这是人呀！在生命的早晨，人是软弱无助的孩子，用两脚两手爬行。在生命的中午，他成为壮年，用两脚走路。临到暮年，他拄着拐杖，作为第三只脚。"斯芬克斯听到俄狄浦斯回答对了，羞愧万状，纵身投崖而死。深受感动的底比斯人都推选俄狄浦斯为国王。由于底比斯的先王被人打死，因而俄狄浦斯与王后结婚，并生下了四个孩子。这王后正是他自己的亲生母亲。有一年，底比斯城瘟疫蔓延，尸横遍野，人们向俄狄浦斯求救。他派人前去请求神谕。太阳神答道："只有及早找到杀害先王的凶手，才能阻止瘟疫的进一步流行。"当时有人建议请问先知蒂里西斯，先知支吾其词，不敢明说，俄狄浦斯强令他把凶手的名字说出来，这样，他才直言相告凶手就是国王自己。俄狄浦斯勃然大怒，王后又嘲笑神谕不灵，当她讲到先王不幸身死的经过时，俄狄浦斯大为惊骇，他想起自己曾在三岔路口打死过一个老人，其情形与王后所讲的居然完全一样。接着，科林斯的牧羊人也原原本本地说出了当初的真实情况。于是，真相大白，俄狄浦斯终于看到神谕的应验，他愤怒地戳瞎自己的双眼，自愿放逐出国。这位曾解释过最难谜语的人在解开自己的生命之谜时却已太晚，他像乞丐一样离开了自己的王国。

《俄狄浦斯》这一悲剧，曾经被许多著名戏剧家改写过。在伏尔泰之前不久，他所敬仰的大师高乃依就曾写过同样题材的悲剧。高乃依是法国剧作家，古典主义戏剧的创始人。中学毕业后学习法律，1629 年开始创作戏剧，一生创作三十多个剧本。代表作《熙德》是法国第一部古典主义悲剧，曾在法国和整个欧洲引起巨大反响。高乃依的戏剧作品中系统阐述了古典主义悲剧的美学原则。主张艺术应比现实更美，表现出美的光辉，并认为悲剧应通过娱乐达到"惩恶扬善"的道德教育目的。但是在伏尔泰改写的悲剧里，故事情节和剧中人物有了变化，他把自己的一些政治理想糅合进去，增强了时代气息。在伏尔泰的笔下，俄狄浦斯是一个勇敢高尚、富有智慧、敢于向命运抗争的英雄。他竭力要逃避神灵预言的厄运，但最终仍然逃脱不了神的捉弄，犯了可恶的"杀父娶母"之罪。伏尔泰也对神灵恶意愚弄人类提出了抗议，他借用剧中主人公之口喊道："残酷的神啊，我的罪孽完全是你们造成的，而你们却要根据这些罪孽把我处死！"伏尔泰力图告诉人们的是，剧中的罪恶不是主人公自己的罪恶，而是神的罪恶。人们看了这个悲剧之后仍然热爱俄狄浦斯，而万分痛恨那个至高无上的神。伏尔泰由敬神而否定有人格的神，把抨击的炮火直接指向了神和欺人的宗教，他的开明思想大大向前推进了。

1718年11月18日，《俄狄浦斯》在巴黎法兰西喜剧院首次公演。人们知道作者是赫赫有名的"反政府诗人"，并且刚刚从巴士底狱释放，因而都想看看这个悲剧有何惊人之笔。出乎伏尔泰的意料，演出大获成功，一时间连续上演了四十五场，场场爆满，观众达二万七千人之多。他的父亲老阿鲁埃也悄悄来到剧院，藏在人群中。看完演出后，老阿鲁埃悲喜交加，老泪纵横，不住地赞叹自己小儿子杰出的艺术才华。从此，伏尔泰声名鹊起，获得了"高乃依和拉辛继承人"的美誉，被人们称为"法国最优秀的诗人"。

《亨利亚特》凸显启蒙思想的理性原则

1723年，伏尔泰将他在1721年10月完成的长诗《亨利亚特》在里昂秘密刊印后又偷偷运至巴黎，很快便在大街小巷流传。

《亨利亚特》是一部长篇史诗，是以16世纪法国的宗教战争为题材的史诗。原名《神圣同盟》，后来定名为《亨利亚特》。它叙述的是亨利四世通过战争成为国王以及颁布敕令，提倡宗教自由的故事。这部史诗的情节是这样的：法国国王亨利二世的皇后喀特琳生下五个儿子，其中三个相继当了法国国王，那就是法兰西二世、查理九世和亨利三世。当他们在位时，国内宗教纠纷连绵不绝，整个国家分崩离析。1592年，皇太后利用圣巴托罗缪节日之夜，下令在格诺屠杀新教徒，终于引起宗教战争。身为喀特琳女婿的亨利四世，反对皇太后的昏聩残暴，他兴兵发难，相继击败了国军，当上法国国王。亨利四世即位后，颁布了允许宗教自由的《南特敕令》，宗教纠纷才暂时平息下来，贫弱的国家始得休养生息。但是反动教会并不执行宗教宽容的政策，反而密谋复仇，亨利四世最终也被宗教狂热者拉瓦雅克所杀。

尽管这部史诗在思想上和艺术上都还不够成熟，算不上是上乘之作，但由于这部长诗气势恢宏，题材独特，仍然在社会上引起了巨大的反响。伏尔泰从此受到上层社会的推崇，巴黎的贵族命妇、文人学者竞相拜访他，千方百计地讨好他。摄政王奥尔良公爵也企图拉拢他为自己效力，于是用巨额的奖金、津贴和权位来引诱他，但均被他婉言谢绝。因为从自己的亲身经历中，伏尔泰已深深体会到宫廷的恩宠和权贵们的青睐是靠不住的，他强烈希望自己能独立生活，而不是依赖他人。

伏尔泰希望以此诗来填补法国民族史诗的空白，宣扬他启蒙思想的理性原则，颂扬亨利四世为消除宗教争执的献身精神。在经过了一次巴士底狱的磨难及《俄狄浦斯》的写作积累后，伏尔泰已不再是一个鲁莽的年轻人。他的血液里开始流淌着"理性"的因子，开始用理性的思想联系法国的实际政治状况批判宗教神学思想。同时，他的文笔开始体现出优雅洁净、达意准确和舒卷自如的高贵气质。难怪这时的伏尔泰已经获得了"法国最优秀诗人"的美誉。即使他身处文人辈出的 18 世纪，仍然被后人赞誉道："18 世纪是伏尔泰的世纪。"上述这些特质都在《亨利亚特》中得到了体现，尤其是凸显了伏尔泰启蒙思想的理性萌芽。例如，《亨利亚特》诗中一段对天空的哲理性描述这样写道："超越它们的轨迹，在这空间的遥远之地，物质在空中沉浮，上帝独自将空间环抱；那里有无数的发光星体和无穷尽的福地，在这广阔的深渊，他为它们开辟了通衢，主宰上界的神帝，君临着所有的天体。"另一段精彩的描绘这样写道："在纯净的永恒之火的光焰中，上帝早将稳固的宝座放置停当，他足下是天空，千万颗星体在跃动，那井然有序的轨迹昭示着主的行踪，力量、智慧和爱情：时有分合，构成了他的精英。他的圣徒，享受着永恒的恬静。在不尽的欢乐中沉湎并且酩酊，他们沐浴圣恩，折服于其英名，争相欢呼他那无上的尊荣。在他座前便是这些天上热情的神灵，他托付于他们的乃是寰宇的命运。他一声号令，他们便将大地容貌更新。对当代的强者，他们不惜灭绝其种姓；凡人皆受过失的摆布，俯首而且听命，对万古长存的灼见，却怪它即之已冥。"又如诗中一段描写亨利四世进地狱的场景，伏尔泰这样写道："在他周围布满宝座、坟茔与奴隶；还有含情脉脉的'伪善'，眼中充满蜜意，'虚情假意'，炫夸其冷酷的微言大义；还有'私利'，种种罪恶无不由它发起。"伏尔泰自己在后来的通信中也对自己的诗文给予了很高的评价，他说这几段对天空的哲理性描绘"似可与拉辛的诗相比"。拉辛是法国剧作家、诗人，小时候由外祖母抚养，就读于冉森派教会学校，学习古希腊文学。1667—1677年这十年间是拉辛创作的旺盛时期，写有七部悲剧《安德罗玛克》《布里塔尼居斯》《贝蕾妮丝》《巴雅泽》《米特里达特》《依菲革涅亚》《淮德拉》和一部喜剧《讼棍》。《安德罗玛克》和《淮德拉》为拉辛的代表作，都是五幕韵文悲剧，均取材于希腊故事，写的全是宫廷情杀丑闻，揭露了王公贵族及宫廷贵妇们所过的淫乱生活，具有反封建的民主思想。伏尔泰把自己的诗文与拉辛相比，可见他也力图在自己文笔优美的诗文中融入对各种腐败政治弊端的描绘。

━━ 第 3 章 ━━

流亡英国的三十四个月

盛赞英国在哲学和自然科学方面的成就

1726 年 5 月，伏尔泰沿着泰晤士河进入英国首都伦敦。他像一只被释放出来的笼中鸟一样，尽情呼吸着这个陌生的国度带给他的新鲜空气。英国本土位于大不列颠群岛，被北海、英吉利海峡、凯尔特海、爱尔兰海和大西洋包围。英国是世界上第一个工业化国家，在 1640 年爆发了资产阶级革命，并于 1688 年正式确立了资产阶级的君主立宪制。所以，当时的英国是欧洲大陆上一个具有多元文化和开放思想的国度。资产阶级的自由民主制度为欧洲成千上万的先进人士所景仰。从路易十四之死到法国大革命爆发的两代人期间，法国各界杰出的人士差不多都拜访过这个美丽的岛国。英国首都伦敦是欧洲最大和最具国际特色的城市，伏尔泰就居住在离伦敦市中心大约八千米（五英里）的一位英国商人埃弗拉德·福克纳的乡村别墅里。福克纳真诚、热情而慷慨地招待了伏尔泰。对于这位异国朋友的无私帮助，伏尔泰一直心存感激。1733年，他曾将自己写成的悲剧《查伊尔》题赠给福克纳："献给英国商人福克纳先生——亲爱的朋友，你是英国人，我是法国人，但爱好艺术的人都是同胞……所以我把这部悲剧题赠给你，有如我题赠给同国的文人或知己的友人一样……"

由于有在法国相识的另一位英国朋友博林布罗克勋爵的帮助，伏尔泰到伦敦后广泛接触了英国文学界的著名人士。他会见了杰出哲学家洛克，诗人蒲柏，著名讽刺小说家斯威夫特，著名剧作家莎士比亚、康格里夫，拜访了诗人汤姆森、杨格和剧作家盖伊等人。在与英国文学界的广泛交往中，他了解到英国文学的发展现状，惊叹于英国文学取得的伟大成就。他一边汲取英国文学艺术的丰富营养，一边积极向自己的同胞宣传介绍，伏尔泰因此成为第一个把莎士比亚介绍给法国人的作家。伏尔泰高度赞扬英国文学的繁荣，并把这种繁荣的状况归因于文人在英国得到应有的尊重。一直以来，伏尔泰都主张文学才能高于高贵的出身，杰作比姓氏更为荣耀。只有这样，才能冲破封建等级制度的桎梏，让每一个有才能的人能在政治、经济、文化的舞台上施展才能。伏尔泰终于在英国看到自己的理想被实现，这让他更加赞扬这个先进的国度。

1727年3月，伏尔泰参加了著名科学家牛顿的葬礼。牛顿的遗骸被安葬在神圣的西敏寺内，首相和大臣们带着长长的送葬队伍为他送行。艾萨克·牛顿是英国伟大的数学家、物理学家、天文学家和自然哲学家，其研究领域包括了物理学、数学、天文学、神学、自然哲学和炼金术。牛顿的主要贡献有发明了微积分，发现了万有引力定律和经典力学，设计并实际制造了第一架反射式望远镜，等等，被誉为人类历史上最伟大、最有影响力的科学家之一。伏尔泰对这位科学家受到的厚遇而感慨，他曾在后来发表的《哲学通信》中说："牛顿先生在世的时候曾经受到尊崇，死后也得到了他应有的荣誉。国家要人争相执拂的荣幸。您走进西敏寺去，人们所瞻仰赞叹的不是君王们的陵寝，而是国家为感谢那些为国争光的最伟大人物所建立的纪念碑。您在那里看到了他们的塑像，犹如人们在雅典看到索福克勒斯和柏拉图的塑像一般；而我深信只要一见这些光荣的纪念碑绝不止激发起一个人，也绝不止造就一个伟大人物。"英国的西敏寺教堂是威斯敏斯特教堂的别名，坐落在泰晤士河畔喧嚣的闹市区，在 1540 年英国国教与罗马教廷决裂前，它一直是天主教隐修院修会之一的教堂，1540 年之后一直是伦敦的国家级圣公会教堂。作为英国历史最悠久、规模最宏大的教堂之一，人们不需入寺，仅是它那直逼苍穹的哥特式风格，寺院外的参天大树，斑驳的高墙，泛白而雕琢精致的门窗，已足使人感到沧桑古老了。一直到今天，这座教堂都是世界著名的建筑物。可以说，西敏寺教堂首先受关注的是它的政治意义，其次是纪念意义，第三才是它在建筑史上的地位和艺术价值。因此，人们是这样形容这座教堂的："到了伦敦，不能不去西敏寺；要想浮掠英国的历史，更不能不去西敏寺。"

伏尔泰除了参加牛顿的葬礼外，还看到了当时最著名的女演员奥尔菲尔德小姐的葬礼。令伏尔泰惊奇的是，这位女演员得到了与牛顿一样的崇高礼遇，她也被安葬在著名的西敏寺内。相比之下，法国演员的遭遇却令人寒心。1730 年 3 月，伏尔泰的亲密朋友，法国著名女演员勒库弗勒小姐在悲愤中死去，临死前没有人给她做最后的宗教仪式，死后教会当局也不准她葬入圣地，她的遗骸只能被朋友们葬在塞纳河畔的一片荒野上。伏尔泰对这位艺术家死后所遭受的不公正待遇感到震惊，送葬之后他奋笔疾书，一气呵成作了一首哀婉的挽歌《勒库弗勒小姐之死》。在这首著名的挽歌里，伏尔泰把奥尔菲尔德与勒库弗勒小姐所受到的截然不同的待遇作了尖锐对比，热情歌颂了英国对文人的尊重："啊，难道我的国家永远没有确定的志愿，永远要贬辱她所钦佩的人？我们的风俗永远和我们的法律抵触。难道意志不定的法国人长此耽于迷信？什么？难道人们只有在英国才敢自由思想？噢，伦敦！你这可以媲美雅典的名城，你这尘世的乐园，你会扫除引起纠纷的偏见，好似驱逐专制的魔王一般。在此大家才无话不谈，无功不赏；没有一种艺术会受轻蔑，没有一项成功不获光荣，崇高的特列邓（英国诗人），明哲的阿狄生（英国批评家），还有那不朽的牛顿，纪念堂中都有他们的份；要是勒库弗勒生在伦敦：一定也会，在哲人贤士英雄明主之旁有她的墓坟。"

在这首挽歌里，伏尔泰尖锐对比英法两国给艺术家的不同待遇，流露出对英国开明作风的赞扬，也因此他更想接触英国社会各界的杰出人士。在伏尔泰好友霍雷肖·沃波尔（英国驻法大使，同时是英国首相罗伯特·沃波尔勋爵的兄弟）的介绍下，他会见了许多政界要人和社会贤达，包括英国首相和首相夫人，哲学家贝克莱主教和克拉克。伏尔泰还因为结识了自然神论思想家切斯菲尔德勋爵，又结识了卡洛琳娜王后。伏尔泰模仿笛卡儿把《哲学原理》题献给波希米亚的伊丽莎白公主，他把自己的《亨利亚特》英文版题献给卡洛琳娜王后。王后随即派人给伏尔泰送来了两枚金质奖章，作为尊敬他诗才的纪念。1727年1月，伏尔泰还受到英国国王乔治一世的接见，国王赐给他二千克朗作为出版《亨利亚特》的赞助。

伏尔泰在与英国文学界、政界及其他社会各界的广泛交往中，积极争取到各方面的支持和赞助，终于在伦敦公开出版了《亨利亚特》的英文版。在出版之时，伏尔泰还对之前发表过的部分进行了必要的修改，进一步补充了很多诗篇，这部史诗也因此而显得更加完整、恢宏。这部在法国不得不秘密出版的作品，在英国却大受欢迎，出版三周就印了三次，全部销售一空。由于《亨利亚特》的出版所产生的巨大影响，伏尔泰不仅赢得了上层社会的尊敬，而且也得到了英国人民的普遍赞扬。

《哲学通信》标志着伏尔泰政治思想和哲学思想的成熟

伏尔泰在英国居住了三年的时间，这个国家在他心中留下了许多深刻的印象。他通过学习英语，阅读哲学家、诗人、小说家的作品，浏览剧作家的作品和欣赏这些作品的演出，初步认识英国政治，粗略考察各种宗教派别，到处参观等，敏锐地、深入地了解到英国人对自己国家制度和风俗习惯的一些意见，于是从 1726 年开始酝酿创作《哲学通信》。这本书是从 1728 年动笔到 1730 年写作完成的，并且是伏尔泰回到法国后才最终定稿。1733 年，《英国通信》（英文版）在伦敦出版。1734 年，蒂埃里奥将《英国通信》从英文译成法文，在法国里昂秘密出版，并将书名改为《哲学通信》。由于伏尔泰在书中赞赏英国的信仰自由和政治自由，推崇英国的科学和文艺成就，批评法国政府，法国当局大为震怒，认为这本书鼓吹信仰自由，对于宗教和社会秩序会产生极大的危害。1734 年 6 月 10 日法国高等法院的法官执行了最高法院的判决，下令逮捕出版商，焚烧存书，通缉作者，伏尔泰被迫逃亡洛林避难。不久该书转移到荷兰出版，此后居然连续再版十次，均很快销售一空，引起了欧洲文化界的广泛重视。

这是一部以书信形式写成的著名哲学通信集，直到今天，这本书还是人们最喜爱的和影响最大的伏尔泰的著作之一。法国著名现代哲学家和历史学家古斯塔夫·朗松曾把《哲学通信》形象地称为"投向旧制度的第一发炮弹"。现在这发"炮弹"既然已经引发，那么愈是给它禁锢，它爆炸的威力就愈大，因此《哲学通信》是伏尔泰最有影响的一部著作。它不仅是伏尔泰旅英三年所见所闻的心得体会，也是他多年来在政治、哲学、文学、宗教等方面积淀起来的思想结晶。《哲学通信》的价值与其说是表现在内容方面，还不如说它标志着35岁的伏尔泰政治思想和哲学思想的成熟，标志着声势浩大的启蒙思想的宣传运动正式拉开序幕。

《哲学通信》全书一共由二十五封信组成，其中前七封信讨论英国的宗教信仰，第八、第九封信研究英国议会制度和政体结构，第十封信赞扬英国的商业成就，第十一封信介绍种牛痘的好处，第十二至第十七封信评述英国哲学家和科学家，第十八至第二十二封信介绍英国诗歌和小说家，第二十三、第二十四封信论述英国文人的地位，第二十五封信是全书的附录，逐条批驳帕斯卡《思想录》中的五十七条谬误。

《哲学通信》的第一课讲的是"趣味"。伏尔泰精选了英国人民值得学习的品德，同时也辨识了英国文化的优缺点，然后冠之以一个他所喜爱的名词，那就是"趣味"。在这些信里，伏尔泰已经凸显出一位哲学家思辨的思维品格。尽管《哲学通信》可看作对法国的风俗和制度的一种讽刺，伏尔泰也一直希望把英国的见闻介绍给自己的同胞学习，但是他认为任何笼统的赞同都是错误的，对于一些事物的显著缺点是不能不予以批评的。例如，他认为：公谊会信徒是有德行的，富于理智的，但有些可笑；英国圣公会在世界上树立了政治自由与和平主义的典范，但有时免不了度量狭小；

英国的悲剧没有丝毫的高尚趣味，但它的情节起伏和创造精神却刺激了日渐消沉的法国戏剧界；即使是伟大的牛顿，也有他的缺点和迷信；等等。

《哲学通信》的第二课是"哲学的"一课。作为哲学家的伏尔泰，他的基础是在旅英岁月里奠定的。在这里，他研究了唯物主义的哲学，熟悉了英国科学的成就。特别是牛顿的著作，对他产生了深远的影响。在哲学上，伏尔泰并没有形成自己独特的体系，基本上是洛克和牛顿的信徒。伏尔泰在《哲学通信》里将把物理学建立在精密的演绎法上的牛顿，跟那位把天才浪费在空想学说的构成上的笛卡儿对立起来。他以那位"朴素地"写了灵魂的"历史"的洛克来代替那些形而上学者所编的"灵魂小说"。他极为佩服洛克的明智，逻辑的严谨，他向法国同胞介绍洛克如何反对天赋观念，承认人的一切认识都来源于感觉和经验的唯物主义思想。把洛克和牛顿的学说加以通俗化的解释，这是伏尔泰完成的一项重要的工作。由于牛顿的万有引力学说和光学原理深奥难懂，伏尔泰用最通俗、浅显、明晰的语言，向法国人民解释牛顿学说，使大家听懂牛顿的话。这样，牛顿的大名才传遍了整个巴黎。

约翰·洛克是英国哲学家，同时也是第一个全面阐述宪政民主思想的人，在哲学以及政治领域都有重要影响。洛克是经验主义的开创者，他认为人类所有的思想和观念都来自或反映了人类的感官经验。他抛弃了笛卡儿等人的天赋观念说，认为人的心灵开始时就像一张白纸，而向它提供精神内容的是经验（他所谓的观念）。观念分为两种：感觉的观念和反省的观念。感觉来源于感官感受的外部世界，而反省则来自心灵观察本身。不同的是，洛克强调这两种观念是知识的唯一来源。洛克开创的经验主义被后来的乔治·贝克莱以及大卫·休谟等人继续发展，成为欧洲的两大主流哲学思想。虽然在哲学上洛克取得的成就十分重要，不过他在政治及政治学说上对后人的影响更为巨大。洛克是第一个系统阐述宪政民主政治以及提倡人的"自然权利"的人，他主张要捍卫人的生命、自由和财产权。他的政治理念也深远地影响了法国、美国、英国等西方国家。

伏尔泰是第一个将洛克的思想传到法国去的人，法国后来的启蒙运动乃至法国大革命都与洛克的思想不无关系。可以说，洛克的学说和思维模式是伏尔泰思想的主要源泉。伏尔泰的哲学正是建立在对人类知识的一种明显的相对论上的，他从不会把人类知识的获得与宇宙间绝对的智慧混淆起来，而是在相对论中寻求一种行动的原则、一种社会组织的规律。从这一点上也可以看出伏尔泰的哲学和蒙旦涅、帕斯卡哲学的差别。蒙旦涅是法国学者，帕斯卡是 17 世纪法国著名的数学家、物理学家、哲学家和散文家。他的主要贡献在物理学上，发现了帕斯卡定律，并以其名字命名压强单位。帕斯卡在他撰写的哲学名著《思想录》里留给世人一句名言："人只不过是一根苇草，是自然界最脆弱的东西；但他是一根能思想的苇草。"在伏尔泰看来，蒙旦涅和帕斯卡都是孤独成性的人，他们在孤独中反复沉思人的命运。

伏尔泰在第二十五封信《谈帕斯卡先生的〈思想录〉》中表达了自己对于这位哲学家的看法。他认为，帕斯卡是看不起社会的，不相信社会是可以改善的，而认为社会的那些不合理的缺点是人类天性中的必然现象。在帕斯卡的怀疑论和信仰中同样存在着一种保守的贵族主义，这种主义不关心人与人之间的关系。而伏尔泰认为这种关系是不好的，或是庸俗的。帕斯卡这位哲人由于个人的人道主义修养而把人与人的关系忘掉了，同时他作为一位宗教信徒在期待上帝的主宰时也把人与人的关系忘掉了。

伏尔泰认为，人是一种有限的生物，他的理解力的可能性和征服事物的可能性都是有限的。如果人确信这种说法，他便会给他的思想和行动划定相当正确的范围，从而和谐地实现他的命运。所以人要好好地理解自身的各种需要，利用合情合理的可能达到的幸福，肯定各种真正的"世间价值"——劳动、闲暇、繁荣，而这样也能冲破捉摸不定和变化多端的宗教教义，在实际上达到自然神论或信仰自由。最后，这种实用主义哲学的因素，这种社会形式的新伊壁鸠鲁主义的希望或是信念，对还处在麻痹状态的人类来说，就是一点逐步发展的光明，也就是一种人类所能要求的高级意识和高度精练的世界主义"文人共和国"。这也正是《哲学通信》的主题所在。

因此，从第一到第七封信中伏尔泰所表达出来的自然神论，就是对特殊宗教中好勇斗狠的信徒们的"狂热"和"狂信"的反抗。在伏尔泰所仔细考察过的英国不同的宗教派别里，对有一些派别，如公谊会和苏西尼主义，他是以同情的态度研究的；对另一些派别，如英国的圣公会和长老会，他就或多或少地加以批评或批判了。原因是长老会和英国圣公会互相都有像伏尔泰所指出的加尔文主义者和天主教信徒的同样错误，如学院式的迷信，或教权主义和世俗的野心等。当他们交手的时候，伏尔泰把他们比作虎与熊斗。相反，公谊会信徒却吸引了他，伏尔泰在后来一次情感激动的情况下曾说道："我爱公谊会信徒……"因为在伏尔泰看来他们具有一种美好的品质，那就是他们的宗教完全是精神的。他们认为，基督的洗礼真正是"精神的洗礼、灵魂的洗礼"。由于这种思想的纯洁，使他们爱道德更甚于爱神学。伏尔泰赞同并欣赏这种想法，他认为在公谊会信徒那里能够想象出一种哲人的社会来，在那样的社会里"差不多全体人民都只爱着上帝和人类"。至于苏西尼主义者，伏尔泰对他们的描绘更多的是凭借直接的观察。在英国，一直以来就把苏西尼主义者称作朴素的自然神论者，在这类自然神论者看来，基督教本来完全是没有启示的教义的。伏尔泰把对苏西尼主义者的考察和自己的自然神论联系在一起。他发现比苏西尼主义更进一步出现的是反对圣三位一体的一切异端。伏尔泰认为，既然基督教曾经长期地在圣亚他纳修和阿里乌之间摇摆不定，为什么它不返璞归真采取一种更朴素、更合理，也更宽大的教义呢？伏尔泰因此在《哲学通信》发表以后，就形成了一种伟大的哲学幻想：把哲学和开明的宗教联合起来，使那些自由的基督信徒承认，并且给他们描绘出那已经在全世界发展起来的一种可尊敬的有神论的美好远景来鼓励他们。最后，伏尔泰还草拟出一个道德高尚而平静的萨朗特纲要。所以，在宗教领域上，《哲学通信》成为伏尔泰思想体系的主要部分。

同时，这些信不单单是一种宗教上、学说上的形式，它们还肯定了社会纲领的条款和社会平等的价值。伏尔泰在反教权主义的过程中形成了自己的社会平等观。伏尔泰认为，不要让舆论或信仰去操纵人类社会。人类社会只需要一种物质的平衡，而在做过需要和资源的客观研究之后，社会就能在健全的管理中获得这种平衡。要是学说和教义干涉的话，马上就会产生人与人之间的不协调、争吵和内战，所以特别需要从宗教中把所有的政治权力排除出去。这样看来，伏尔泰的政治理想初见端倪。

在第八到第十封信中，伏尔泰更进一步地展现了他的政治评价尺度。他觉得专制的和极权的制度比封建制度更好，因为在这种制度下经济统一的秩序能够得到保障，而且教权主义还可以受到政权的控制；但是这种制度的缺点是专断，时常为了虚荣而牺牲繁荣。在这一制度上，建立起市民和商人的共和国，其中的公民特别期望自己对国家有所贡献，他们的自由而健康的活动景象就是一位哲学家所能想象到的最美好的事物之一。这就是一种可贵的政治评价尺度，此外，还有一种道德和理智的评价尺度来配合并补充它。在这个尺度的底层，是形而上学和尚武精神，他们的乌烟瘴气激发了骄傲的精神；再高一层，就是艺术和技巧，他们并不要求"大智慧"，却适合于全体人民，并使人民勤劳生活；至于英才，他们是具有以和平的哲学与丰富的智慧所形成的正直品格，而正直又是足以破除迷信，足以逐步启发一切肯接受启发的人们的热情。这样一种评价尺度，把人们认为的丰功伟绩和伟大理想的人都降到了次要地位，而非常重视文化的各个不同的面貌：平凡的技艺创造、科学家的发明、文学的高贵造诣。这一切的总和都是用来改善人类的生活和提供丰富而柔软的、适合我们消化能力的"食粮",用以代替那些没有营养的"食粮"。于是伟大的名字就不再是那些征服者和统治者的名字了。

由此,我们也可以明白为什么第十一封信讨论"种痘",为什么第十二封信到第十七封信赞扬英国的三位曾经奠定了现代科学与哲学基础的伟人培根、洛克、牛顿。这里还有三封信——第二十封"谈研究文学的老爷们"、第二十三封"谈人们对于文人应有的尊敬"和第二十四封"谈学院",看标题会认为离开了主题。但伏尔泰在这些信里写的是英国人民对于他们的作家和科学家的尊敬,是有助于智慧的发展的。在英国,王公贵族都不以写作为耻,他们为自己统治下的国人效力或取悦于他们的国人;至于职业作家,他们有时也担任国家最高的职务。贵族、政治和文学的这种结合,特别吸引了伏尔泰,他认为这是自由与和平的一个重要条件。正如英国人在家里常常把诗人蒲柏的肖像悬挂在首相肖像的旁边,给牛顿送葬就像给亲王送殡一样,把伟人的陵墓像国王的陵墓一样安置在威斯敏斯特教堂内。此外,伏尔泰还觉得这体现了一种独特的民主气氛,这在他的祖国是相当稀罕的,所以值得提起。他在这些信中说道:"在伦敦约有八百人有权公开讲话维护民族利益。约有五千人期望着也轮到他们享有这种荣誉。其余的人都以这些人的裁判者自居；而每人都可以用书面发表他对于国家事务的意见；所以全国人民都必须学习。"

这种开明的民主正是伏尔泰所梦想过的制度，他在这种梦想里曾经有一种想扮演一员政治或外交角色的雄心。到了1753年以后，这种雄心完全幻灭了。接着他又想把哲学和自然神论者的英才组织起来。最后他只乐于做那个"在欧洲不顾战争不问宗教差别而组织起来的'文人共和国'"、那个"到处分布又到处独立自主的伟大的英才社会"（《路易十四时代》）的主持者。这些雄心、这些欢乐、这些梦想都已经包括在《哲学通信》里面了，也正是这些东西构成了这些信统一的主题，它使我们看到此时的伏尔泰已经明确了他毕生努力的方向——解放全人类，解除全人类和他们的命运之间的矛盾。

第 4 章

自然神论和反教权主义的思想家

多产的文学家和剧作家

1729 年 2 月，伏尔泰得到法国当局的默许，回到法国。三年前，他被迫离开家乡踏上陌生的英国土地，现在却带着那个神奇国度给予他的满腔炽热理想返回。与伏尔泰相伴的还有他的三部著作的手稿：《查理十二世》《哲学通信》和悲剧《布鲁图斯》。

《查理十二世》是伏尔泰第一部成熟的历史著作，是他在 1728 年花三个月时间完成的。在此之前，伏尔泰还在 1727 年完成了《论法兰西内战》的历史论文，这篇论文简要地叙述了法国内战的主要时间和一些逸事。由于篇幅不长，他将其作为《亨利亚特》的附录一同出版。虽然《查理十二世》也是一篇历史著作，但它却成为伏尔泰思想的重要转折点。《查理十二世》讲述的是查理十二世从即位到波兰战争到俄罗斯兵败，一直到成为土耳其人的囚徒以及最后在1718年逝世的历史事件。它按照时间顺序细致地描绘了17世纪末、18世纪初盛极一时的瑞典国王查理十二世的一生时光。《查理十二世》因涉及路易十五的岳父——波兰前国王斯坦尼斯瓦夫一世，而没有得到法国政府的出版许可。伏尔泰不得不采取出版《亨利亚特》的老办法，1731年10月在里昂秘密出版，然后偷偷运回巴黎销售。《查理十二世》出版后，伏尔泰根据后来收集到的材料不断地修改、完善，并连续出了好几版。他也听取了不少批评意见，正是这些客观公允的批评意见，对伏尔泰史学观的转变起到了促进作用。他开始意识到历史事件中存在着的"本质真实"，着眼于社会发展的重要事实的分析。可以说，从《查理十二世》的写作开始，伏尔泰逐渐形成了自己独特的历史观，启蒙主义的精神开始在他的历史著作里体现出来，这就是后来史学上有重要影响的启蒙主义历史学。

刚回到法国的一段时间内，伏尔泰利用父亲留下的遗产、政府的年金、《亨利亚特》的赞助及其出版后的酬劳做了一些投资事业。凭借着自己的智慧和才能，伏尔泰不管是玩博彩还是投机政府贸易都获得成功，个人的财富得到了空前的增长，这也使他后来能够不依附任何人，把自己的精力全部投到思想启蒙和繁忙的创作之中。1729年下半年，伏尔泰的诗作《奥尔良少女》创作完成。《奥尔良少女》塑造了法兰西民族女英雄贞德的形象。少女贞德生活在15世纪英法百年战争时期。实力雄厚的英国觊觎法国的经济繁荣，屡次进犯法国，试图夺取法国王位。战争连绵不断，法国人民颠沛流离，田野荒芜，城市萧条。不幸的人民企盼着和平安定的生活，期望有神奇的力量来摆脱战祸造成的困境。这时，神奇的贞德被宗教界发现。她是一位虔信宗教、忠贞爱国的农村少女，她把祖国看成与她度过童年时代的洛林省的东端米小村庄一样。她相信梦境，相信奇异的幻觉和力量，自称负有使法国免于外族入侵的使命。教民们都虔诚地相信她，国王查理七世在奥尔良城即将陷落的时刻向她求助，国王亲自给她穿上白色骑士的甲胄，授予她一面象征国王的百合花白旗，命令她统率军队。士兵们都把贞德看成是从天而降的天使，满怀热情地跟随着她。在对英军的战斗中，贞德披坚执锐，奋勇当先，全军士气大振，终于一举击退了围攻奥尔良城的英军。奥尔良战役后，她又率军收复了北方许多城市，创下了无数英雄奇迹。后来贞德被敌军俘获，受到宗教裁判所的审判，并以"使用妖术"之罪，在里昂被处以死刑。临死时，她还不到 20 岁。贞德死后，法国教会宣布她为圣徒，人民歌颂她的战功，亲切地称她为"奥尔良少女"。伏尔泰的这首叙事长诗，是根据 17 世纪法国诗人让·夏普兰同一题材的史诗《少女》改写的。他一反过去的传统，生动地描绘了少女贞德的爱情、分离和磨难，而诗中出现的僧侣都被刻画成了贪得无厌、淫荡和残忍的人物。该诗虽然直到 1755 年才公开出版，但是在问世的二十多年中，他的手稿一直在人们中间争相传阅，出版之后又畅销全国，成为伏尔泰最为流行的作品之一。

1730 年，伏尔泰将在流亡英国时创作的政治题材的悲剧《布鲁图斯》搬上舞台。这部悲剧取材于古罗马时期共和派与贵族派的政治斗争，它描写的是一个维护共和政体、反对贵族企图复辟专制统治的英雄人物布鲁图斯。由于伏尔泰在执导时大胆采用了英国舞台艺术的新观念，因而公演也获得较大的成功。但是这一系列的成功却没有给伏尔泰带来安稳的生活。1731 年他为自己逝去的好友所写的诗作《勒库弗勒小姐之死》里愤怒地指责了法国政府。这首诗被伏尔泰的友人们在巴黎的各个沙龙传阅，使得法国当局又开始关注这位"屡教不改"的叛逆文人。1731 年冬，正愁于无处安身的伏尔泰结识了泰纳·马尔代男爵夫人。男爵夫人的宅第位于巴黎相对安宁的好孩子大街，漫步庭园，可以遥望罗

（卢）浮宫花园的似锦繁花。伏尔泰迷恋于这里静谧的气氛和赏心悦目的庭园。他与男爵夫人商量，他愿意以每年四万利弗尔的租金寄住在这里。于是从这年冬季开始，伏尔泰就悄然"躲避"在了男爵夫人的家里。正是有了这样一个不被打扰的环境，伏尔泰开始创作他的第二部历史著作《路易十四时代》和悲剧《恺撒之死》。此时的伏尔泰也渐渐明白那些讽刺当局的小诗作是不足以沾沾自喜的，他开始明确地以启蒙为目标，用他的哲学、历史、诗歌、戏剧等多方面著作的影响力揭露专制政府的昏庸，唤起人们的良知和觉醒。

伏尔泰常常说"我遭受苦难，我以写诗为乐"。这就是他创作生涯的真实写照，他不断受到迫害，却在颠沛流离中创作了大量的诗歌和戏剧，《查伊尔》就是他最有代表性的一个剧本。在他一生写成的十五个悲剧中，只有《查伊尔》算得上是真正的爱情悲剧。《查伊尔》是伏尔泰用二十天的时间创作出来的一部曲折离奇、矛盾冲突扣人心弦、感情真挚动人的爱情悲剧。《查伊尔》的情节与莎士比亚的《奥赛罗》非常相似，只是换了东方异国情调的背景，人物变成法国武士与耶路撒冷的帝王。在十字军东征时，耶路撒冷的苏丹奥洛斯曼纳与女俘查伊尔相爱，在查伊尔的心底里，奥洛斯曼纳不只是主人，更是一位勇敢、豪爽的英雄。但是，她的女伴法蒂玛却经常提醒她，一个年轻的女基督徒不能与一个伊斯兰教教徒相爱，这是严格的宗教戒规。这时，从欧洲来了一位基督教骑士纳瑞斯坦，从前，他也是奥洛斯曼纳的俘虏，因这位苏丹赞赏他的勇敢精神，允许他回国索取自己的赎金。现在，纳瑞斯坦带来了大量黄金，不仅可以将自己赎出，而且还想赎回十个基督徒。宽宏豪爽的奥洛斯曼纳却决定不收分文，无偿释放一百个基督徒。其中包括一位名叫吕西央的老人，他在耶路撒冷遭受了二十年的折磨和奴役。这时候，已深深爱慕着奥洛斯曼纳的查伊尔，拒绝与被释放的同胞同行。查伊尔的叛教，使纳瑞斯坦大为震惊。老人吕西央也已认出查伊尔和纳瑞斯坦就是自己早年失散的儿女，女儿的叛教使他异常痛苦。他向女儿讲明了他们之间的关系，描绘了他们祖国的美丽富饶，并要求她向自己保证不改变信仰。虽然父亲的劝告使查伊尔深为感动，但是现在她挚爱着奥洛斯曼纳，又怎能忍心离开呢？吕西央和纳瑞斯坦只好匆匆先行了，查伊尔仍在犹豫不决，痛苦万分。纳瑞斯坦离开耶路撒冷后，于途中给查伊尔来了一封信，这封信被苏丹手下的人截获。奥洛斯曼纳不清楚他们是兄妹关系，看了信后既痛苦，又嫉妒。他对查伊尔起了疑心。查伊尔感到非常委屈，她热烈地向苏丹吐露爱情，反而使奥洛斯曼纳觉得她真的变了心。他把纳瑞斯坦的信交给查伊尔，以探虚实，查伊尔表示想与纳瑞斯坦见面。想不到这却引得奥洛斯曼纳醋劲大发，立即下令把纳瑞斯坦抓回来。查伊尔想拯救兄弟纳瑞斯坦，大声呼喊他的名字，这时，被激怒的苏丹一刀将查伊尔杀死。纳瑞斯坦戴着镣铐被押回来，说明了真相，奥洛斯曼纳追悔莫及，拔剑自刎。

1732年8月,《查伊尔》正式公演，取得了巨大的成功，就连一向批评伏尔泰甚至反对他的人都不得不承认《查伊尔》的巨大艺术魅力。第一次演出结束的晚上，当伏尔泰出现在包厢里的时候，热情的观众向他热烈欢呼，掌声雷动。面对如此激动人心的场面，伏尔泰被深深感动了，他非凡的艺术才能终于再一次得到人们的认可。面对这一巨大的荣誉，伏尔泰突然醒悟了：自己这些年来所吃的那些苦头又算得了什么?《查伊尔》后来又多次公演，观众的热情经久不衰。伏尔泰也一直偏爱这个给他带来荣誉的剧本，在以后的生活中，时常在家里举办的私人演出往往选择这个剧本。他高兴时还亲自扮演其中的角色吕西央或奥洛斯曼纳。

伏尔泰同一时期的另一作品《趣味的圣堂》，可就没有这么幸运了。《趣味的圣堂》是一部讽刺作品，其中有诗，也有散文，它激烈地批判了整个文学评论界。在这部作品中，伏尔泰描述自己被一位开明的朋友、天主教神父波利克引导，穿过圣堂，检阅了前几个世纪和当时法国的知名作家、艺术家以及一些纪念物，并对这些人和物一一作了评论。他描绘巴黎圣母院被毫无作用的旧装饰弄得杂乱不堪，讲述评论家们被书上的尘土和墨水弄得很脏，把他们都说成是怯懦的迫害者。这部作品一问世，立即遭到集体的围攻，即使伏尔泰最好的朋友也对他不能理解，巴黎喜剧院其至还上演了一些讽刺剧攻击《趣味的圣堂》，丑化、谩骂他。伏尔泰对此既感到恼火，又感到失望。

"哲学式的爱情"

1733年1月，马尔代男爵夫人身患重病，在神父的祷告中寂寞地死去了，伏尔泰心头涌起一丝悲哀。他感到最为遗憾的是自己再也不能住在这幢漂亮的房子里了，他的生活又面临着新的动荡与漂泊。1733年5月，伏尔泰买下了巴黎圣热尔韦教堂对面的一所房子居住。伏尔泰曾在《趣味的圣堂》里称赞过圣热尔韦教堂的绘画和建筑艺术，因此他选择居住在面对着这座令他有"亲切感"的教堂对面。多年来的动荡与漂泊既给他带来了无尽的烦恼，也使他赢得了极大的声誉。他创作的大量诗歌和戏剧不仅蜚声文坛，而且也深得上流社会的赞赏。在风流浪漫的巴黎，伏尔泰成了夫人小姐们崇拜的偶像。法国当代史学家勒诺特尔在其著名的《法国历史轶闻》中这样描述道："年轻的妇女们见到伏尔泰先生就顶礼膜拜，已成为一种时尚。就连最轻浮饶舌的人也以能背诵这位诗人的作品为荣。"伏尔泰回到法国以后的几年里，就先后有多名上流社会的女人成为他的亲密朋友，有些贵夫人甚至还千方百计地争做他的情妇，其中就有一位夏特莱侯爵夫人。

夏特莱侯爵夫人是前宫廷礼宾官布雷德伊·普勒伊利男爵的女儿，认识伏尔泰时 27 岁，她出嫁前名叫爱米莉，1725 年嫁给一位军官夏特莱侯爵，已生有一儿一女。爱米莉是当时法国较有名气的才女，她精通物理、数学、化学、天文学，懂英文、意大利文和拉丁文。她翻译过维吉尔的史诗，撰写过关于莱布尼茨哲学和牛顿微积分的论文。她智慧超群，风流自赏。交际场上，她有举止高雅的贵妇人风度；说文谈诗，她又有学识渊博的哲学家气质。她结婚前曾在父亲那里见过伏尔泰，当时，他还只是个稍有名气的年轻人。两人曾有过不多的书信往来。随着年龄的增长和伏尔泰声望的提高，她越来越崇敬他的学识和人品，与夏特莱侯爵结婚多年以后，她仍对伏尔泰崇拜不已。于是她央求女友圣皮埃尔公爵夫人一定要带她去见一见这位大名人。想不到两人的第一次见面竟是如此愉快。他们一起谈诗歌，谈戏剧，谈历史，谈牛顿，谈洛克……爱米莉对伏尔泰渊博的学识、机智的谈吐和风流儒雅的举止崇拜得五体投地，她发现自己完全被他征服了，她不得不承认自己对伏尔泰的崇敬已变成执着、浓烈的爱情。而伏尔泰觉察到了热情的爱米莉对自己的爱情，他也钟情于爱米莉与众不同的智慧和才华。他从英国回来后，思想中一直充满着牛顿的科学发现和洛克的哲学原理，但是在巴黎很少有人能够与他讨论这些问题，现在他发现爱米莉能够与他交谈，这如何不叫他刮目相看、欣喜异常！于是一对相见恨晚的情人很自然地走到了一起。他们的每次见面都谈哲学思想和科学精神。当时法兰西学院的科学家们多属笛卡儿派，对英国的新思想深表怀疑，而爱米莉年轻、热情，又具有出色的科学头脑，她不仅理解伏尔泰所谈论的一切，而且也钦佩他的论点。他们不仅仅是情人，也还保持了一种师生关系。1734年因法国高等法院把《哲学通信》列为禁书，伏尔泰的住所被搜查，出版商被关进巴士底狱。面对这突如其来的困境，爱米莉向伏尔泰伸出了援助之手。她的丈夫夏特莱侯爵在东北部香槟省西塞镇的布莱兹河谷有一处产业，它是一座13世纪的古堡，名叫西雷庄园。那里离比利时边境很近，逃到国外十分容易，因此，可以作为伏尔泰的逃生之地。爱米莉找到夏特莱侯爵请求他的理解与支持。侯爵豁达大度，对妻子的移情别恋毫不介意，同意把西雷庄园提供给伏尔泰和爱米莉使用。1734年5月，伏尔泰前往西雷避难。虽然隐居在西雷难免单调和乏味，但因为逃离了多事的巴黎，伏尔泰正好可以专心致志进行写作，爱米莉则利用自己的社交活动积极为伏尔泰斡旋。通过爱米莉的努力，伏尔泰得到了圣路易中学的同窗、时任巴黎警察总监的勒·埃罗及里舍利厄公爵的帮助，1735 年 3 月，国王撤销了对伏尔泰的通缉。3 月底，他回到了巴黎。

伏尔泰刚刚从英国回来时，曾经模仿莎士比亚的《裘力斯·恺撒》写成悲剧《恺撒之死》。它描写的是罗马历史上忠于共和的布鲁图斯等人合谋杀死专制独裁统治者恺撒的故事。伏尔泰没有按照历史事实塑造人物，而仅仅想借用专制与共和的名字来表达自己的政治理想。1735 年 8 月 21 日，《恺撒之死》首次公演，获得成功。伏尔泰的朋友和学生的家长们都疯狂地为他喝彩，然而公演的成功仅仅带来了短暂的快乐，新的烦恼又紧紧地困扰着他。在《恺撒之死》正在哈尔库尔中学排演时，学校的一位老师得到了《恺撒之死》的副本，他居心不良地加上一些自己的歪诗，寄给了出版商，后来在阿姆斯特丹出现了单行本。伏尔泰看到书后，暴跳如雷，大肆抨击这种可耻的行径。为了挽回影响，他给德丰丹纳神父写信求援，希望他能明察真相，不要再给他捅乱子。然而，这位神父毫不买账，他攻击伏尔泰宣传公谊会的思想与社会公共道德相悖，指责剧本有危险的煽动性，鼓励弑君篡权。更为可耻的是，他还把伏尔泰从西雷寄给他的信公之于众。这些信告诉人们，伏尔泰住在西雷，在夏特莱侯爵祖传的房子里与侯爵夫人一起生活。这一背信弃义的做法使伏尔泰窘迫不堪。除了《恺撒之死》带来的烦恼外，《奥尔良少女》也惹了一场不小风波。人们悄悄地在沙龙中传阅伏尔泰的《奥尔良少女》又引起了当局的愤慨，司法大臣威胁道："如果胆敢把那些诗篇印出来，一定把他活埋在牢里。"伏尔泰看到风声不对，便匆匆忙忙逃到洛林，躲藏起来。直到爱米莉和里舍利厄公爵从国王那里得到消息，保证他可以自由生活在西雷，他才回到布莱兹河畔那座庄园。爱米莉出于对情人的爱，不久也来到西雷，开始陪同伏尔泰度过难忘的隐居生活。

伏尔泰与爱米莉亲密无间的共同生活，像爱米莉最初希望的那样，得到了自己丈夫的认可。夏特莱侯爵既没有对伏尔泰这位第三者插足感到憎恨或提出决斗，也没有乘人之危驱赶这位当局的"罪人"。他反而对这位杰出的作家十分尊敬，并把他当作知心好友看待。爱米莉博才多艺，思维敏捷，伏尔泰与爱米莉也乐于保持这种"哲学式的爱情"。白天他们分别到自己的房间，一个沉吟赋诗，一个求解论证；一个潜心写自己的著作，一个专心做自己的试验。大厅里到处堆放的都是数学、物理、化学、天文学等方面的仪器。晚饭后，他们在一起喝咖啡，交流一下各自的工作进程，然后又分头钻进自己的工作室。在这里与他们一起生活的有爱米莉的一对儿女和孩子的家庭教师林南先生。

伏尔泰对戏剧可谓情有独钟，他因此雇请工人把阁楼改成小剧场，欢迎西雷镇所有感兴趣的居民都来参观。一时间住在临近左右难以去城里看几场戏的居民们，经常来西雷庄园看稀奇、赶热闹，演的演、看的看，热闹非凡。有时一出戏还正在预排，但排着排着便成了正式演出，因为观众已经围了一大圈。两位美丽的邻居，诺韦尔伯爵夫人和尚鲍南夫人常常被伏尔泰指定为主要演员，临时来拜访的客人有时也被指派一个角色，爱米莉的小女儿是出色的小演员。

与爱好自然科学的爱米莉朝夕相处，伏尔泰也潜移默化，逐渐对自然哲学发生了兴趣，开始与爱米莉一起潜心研究牛顿的物理学和自然哲学。他经常躲在暗室里，参照牛顿的光学理论，用朋友送来或自己购买的仪器做光学试验，并开始边试验边着手撰写《牛顿哲学原理》。当时，英国以外的国家，还很少有人能理解牛顿的科学理论，他的著作是用拉丁文和代数写成的，深奥晦涩，普通人很难理解。《牛顿哲学原理》是伏尔泰把牛顿思想通俗化的一种尝试，他声称写该书的目的是把牛顿原理解释得像拉封丹的寓言故事一样清楚明白。他还说，他的这部著作不是为聪明人写的，而是为他自己也荣幸地属于的那个无知平民阶层而创作的。伏尔泰的一生并没有在科学上作出什么新的创造和发现，因而他还不是严格意义上的科学家，他的兴趣主要集中在关心人类的过去、现在和未来。1738年，《牛顿哲学原理》首次在荷兰出版，伏尔泰把它献给了爱米莉。她愉快地接受了这个荣誉，因为她是受之无愧的，伏尔泰是靠她的帮助才真正走出牛顿科学思想的迷宫的。爱米莉关于牛顿科学思想的知识虽然最早来源于伏尔泰，但是她的自然科学知识尤其是数学、物理学和光学的知识基础要胜过伏尔泰，伏尔泰能完成《牛顿哲学原理》在很大程度上应归功于爱米莉的鼓励、帮助和直接参与。1737年6月，法国科学院宣布举行一项有奖征文，主题是关于火的性质及其有关知识的普及。伏尔泰和爱米莉相互保密，分别悄悄地准备论文，伏尔泰写的是《论火的性质》，爱米莉准备的是《关于火的性质和火的传播》。伏尔泰白天躲到实验室里做试验，测试火是否有重量；爱米莉则利用夜间抓紧工作。可是，在他们充满希望把精心撰写的论文寄到科学院后，却如泥牛入海，一直得不到任何消息。后来才知道科学院通过无记名投票已经把奖金授予其他三位参赛者，而他们根本就没有做什么实验，只不过是根据笛卡儿的原理进行了一番推论和演绎。伏尔泰和爱米莉闻讯后感到非常气愤。当时，在法国科学界是笛卡儿派占统治地位，牛顿的引力理论被视为异端邪说，竞赛评选被笛卡儿派所操纵，伏尔泰和爱米莉的双双落选其实也是意料之中的事情。

虽然在伏尔泰50岁后，爱米莉移情别恋爱上圣贝朗侯爵，但是爱米莉对伏尔泰的影响和帮助是难以估量的。在他们共同生活的时间里，伏尔泰研究的领域不断扩大，创作的激情奔涌不息，他完成的著作要远远超过其他时间。爱米莉勤奋、刻苦，钻研问题锲而不舍，不知疲倦地忘我工作，这些都无时无刻不在鞭策、鼓励着伏尔泰埋头创作，笔耕不止。同时，爱米莉利用自己的出身和社会地位，为伏尔泰提供保护伞，一次又一次地帮助他摆脱困境，转危为安。1749年9月，44岁的爱米莉生下一个女孩后因产后高烧而永远离开了伏尔泰。这对于伏尔泰来说，不仅是失去了一位挚爱的情人，更是失去了一位志同道合的伴侣和患难与共的朋友。正如他自己所说的："我失去的不是一个情人。我失去了半个自己；失去了构成我的灵魂的那个灵魂，失去了二十年的朋友。"

谈锋犀利、妙语连珠的文学家

法国人把18世纪视为伏尔泰的世纪，在那个造就思想者的风云时代，伏尔泰的作品以谈锋犀利和妙语连珠引人瞩目。直到今日，伏尔泰的文笔都是法语的象征，法国人常常形象地把法语称作"伏尔泰的语言"。这颇似人们把英语称作"莎士比亚的语言"，把俄语称作"普希金的语言"，把西班牙语称作"塞万提斯的语言"，把意大利语称作"但丁的语言"，把德语称作"歌德的语言"一样。伏尔泰正是把他那非凡的、智慧的和犀利的思想蕴含在他的文笔之中，向旧制度中一切落后丑恶的现象投出一颗颗炸弹，为新时代的到来播下一粒粒种子。

《摩登人物》就是伏尔泰用犀利文笔表达思想的一部代表作。这是一首哲理诗，是伏尔泰在西雷隐居的日子里创作的。18世纪的法国，崇尚古典主义的思想还在人们头脑中根深蒂固，不但文化上的尚古主义盛行，生活上的尚古主义也蔚然成风。伏尔泰倾向文化上的尚古主义，而反对生活上的尚古主义。《摩登人物》就是一首反对生活尚古主义的哲理诗。在这首诗中，他巧妙地为现代奢侈生活辩护，嘲笑古希腊的黄金时代和基督教的伊甸园，讽刺冉森主义者所鼓吹的简朴生活的道德观。在伏尔泰看来，人类早期缺乏精美艺术和舒适生活，这并不是美德，而是愚昧无知的表现。在那个时代，一切东西都归集体所有，这并不是人类就有那么高尚无私，而是为生活需要所迫。他们没有私有财产观念也是由于他们一丝不挂，一无所有。在伊甸园中，教会神学家肉麻地鼓吹那种纯洁的爱不过是兽欲而已，说到底也只不过是一种动物的本能。与此相反，伏尔泰称赞了现代社会中许多博学大师，他们住在装饰精美的豪华宅第里，出门香车宝马，会朋邀友。兴趣所至，还可经常出入歌剧院，演出结束后在珠光宝气、香水扑鼻的妖艳情妇陪同下享受美味佳肴，乐以忘忧。伏尔泰成名富有之后，也钟情于豪华奢侈的生活，在诗中他称赞厨师是有道德的牧师，"人间乐园是我生活的地方"，直言不讳地承认自己喜欢奢侈生活。18世纪上半叶还有两部比较有影响的为人的舒适生活辩护的作品：一部是英国作家德·孟德维尔写的《蜜蜂的寓言》，它否定传统道德，1736年年初，爱米莉将其译成法文；另一部是让·弗朗索瓦·梅隆写的《论商业》。他们都是从经济基础着眼，把奢侈生活看成增长财富，促进商业发展的手段。而伏尔泰则把其看作艺术上和肉体上的享受工具，认为奢侈生活的历史发展体现了人是一个有理性的存在物。

事实上，伏尔泰是想借《摩登人物》反对宗教禁欲主义，提倡个性解放和向往幸福生活的人道主义。在伏尔泰的写作生涯中，他还创作了很多的哲理散文和哲理小说。具有代表性的是《论平等》《论宗教》《信仰自由》《论宽容》等，这些作品都以其篇幅短小和叙述灵活自如出名，具有很深的寓意和恰到好处的艺术表现形式。

在这些作品中可以看出嬉笑怒骂是伏尔泰特有的锐利武器，尤其是讽刺和嘲笑已成为他反对迷信、狂热、不公正，宣传自己理想的得心应手的工具。他常常用这种方法来揭露敌人，刺激敌人，挑逗敌人，向敌人无情地倾泻他的愤怒。伏尔泰认为，生命太短促了，人们不可能有时间和精力来阅读大量的鸿篇巨制。在后来"消灭败类"、宣传启蒙思想的运动中，他更加喜欢用短小精悍的讽刺短诗、短文来说理论事，反驳政敌，提纲挈领地表明自己的态度和主张。它们像一把把犀利的匕首、投枪，猛烈地向社会中一切不正义的联盟宣战，把教会和基督教信仰体系刺得体无完肤，引起了反动势力的极大不安和惶恐。玛丽王后对他尤为恨之入骨，临死之前还请求路易十五惩办伏尔泰。1768年9月24日，巴黎高等法院下令收缴伏尔泰挖苦嘲讽封建专制影响巨大的作品《有四十金币的人》，并当众烧毁，凡是出售此书的书商也一律处以枷刑。有的法官对这种处理方式仍觉不解恨，甚至在法庭上歇斯底里地喊道："难道我们烧掉这些书就算了吗？"

伏尔泰的一部戏剧代表作《穆罕默德》，同样是在犀利的文笔中表达了自己对封建秩序的讥讽。《穆罕默德》是伏尔泰在1740年完成的，这部悲剧讲述的是穆罕默德与两个年轻的奴隶赛义德和帕尔米尔的故事。《穆罕默德》并不是真正要攻击伊斯兰教，而是伏尔泰借发生在圣城麦加的事件和剧中的主人公赛义德的形象批判法国天主教教会的狂热。在封建宗教制度下的法国，像赛义德那样为了上帝而杀死自己父亲的人并不罕见，如亨利三世和亨利四世都是被狂热的教徒杀死的。伏尔泰希望人们从他的这一剧本中悟出一个简单的道理：宗教的产生就是因为愚昧和欺骗。这也是当时一些启蒙思想家的普遍看法。1741年1月初，伏尔泰和爱米莉在布鲁塞尔会面后，一起去里尔看望他的外甥女德尼夫人和她的丈夫德尼先生。在里尔剧院看戏时，他们认识了剧院导演和一位著名演员，伏尔泰便将刚刚完成的《穆罕默德》交给他们排演。4月10日，《穆罕默德》在里尔剧院公演，受到热烈欢迎，并连演了四场。初步的成功使伏尔泰有信心把它送到巴黎公演。当年夏天，他把手稿寄给老同学达让松侯爵，请他代自己与剧院联系。但是剧本在排演中遭到很多人的反对，土耳其驻法大使向当局提出强烈抗议，说它故意丑化伊斯兰教的创始人。德丰丹纳神父也如获至宝，以为找到了攻击伏尔泰的口实，别有用心地指责它对基督教不敬。而国务大臣弗勒里和新的警察总监马尔维尔却从国家的利益考虑，决定对《穆罕默德》的公演采取宽容态度。他们认为当时伏尔泰与普鲁士国王弗里德里希的友好关系有利于法国外交，因而暂时不必得罪这位大名鼎鼎的人。这样，

《穆罕默德》于1742年8月19日在巴黎顺利得到公演，许多王公大臣也观看了演出。聪明的伏尔泰也清楚这些错综复杂的关系，为了不过分刺激当局，只演了三场，他便匆匆撤回了剧本。演出草草收场，伏尔泰当然不甘心，他要利用这个剧本做点其他有用的文章。考虑再三之后，他决定把剧本题献给罗马教皇。他托达让松侯爵征求教皇本笃十四世的意见，侯爵却认为这明显是想将政治事务与宗教事务搅拌到一起，混淆视听，他不愿做这个中间人。伏尔泰则一意孤行，坚持要这么做，他又委托托利扬神父把自己的剧本转交给了教皇，还附有一封长信，说明自己非常尊重高贵的教皇陛下，并渴望得到镶有教皇肖像的奖章。聪明的教皇当然没有被这个剧本的表面文章所迷惑，他很清楚这位作者的真实意图，但为了笼络这位大名人，给外界留下自己宽厚儒雅的美名，也故意装聋作哑，同意接受《穆罕默德》的题献，并欣然颁发给伏尔泰两枚奖章。达让松侯爵得知教皇的举动后也改变了看法，还主动委托法国驻罗马大使又为伏尔泰申请到了一枚更大的奖章。伏尔泰千方百计讨好罗马教皇，目的很清楚，他不仅需要得到强大邻国君王的庇护，也需要教皇为他披上能保护自己的"圣衣"，能够积蓄更多的力量自由地创作。

第 5 章

奇特的政治生涯

与普鲁士国王的友谊

1736 年 7 月，正当伏尔泰在西雷研究牛顿自然哲学时，他收到了一封邻国的来信。这是当时只有 24 岁的普鲁士王储弗里德里希的来信，这位王子后来成为历史上有名的弗里德里希大帝，也被称为腓特烈二世。他在位四十六年，在欧洲政治舞台上励精图治，使国家由弱变强。弗里德里希 1712 年 1 月 24 日出生于柏林，父亲是普鲁士第二代国王弗里德里希·威廉。祖父是开国之君弗里德里希一世。威廉不希望自己的儿子舞文弄墨，而希望他成为能开疆拓土、威震沙场的军人和征服者。他的母亲索菲·德里蒂娅是英王乔治二世的妹妹，性格贤淑，求知好学，对儿子有很大的影响。弗里德里希在母亲的熏陶下，自幼酷爱读书交友，与许多名人学者来往密切，被称为"哲学家王子"。王子的来信中充满了对牛顿本人及其哲学思想的赞扬，并随信寄来了一本书，它是莱布尼茨哲学的继承人、法国著名哲学家克利斯坦·沃尔弗论文集的法文译本，他请求伏尔泰给予适当的评论。伏尔泰对突然获得邻国王子的青睐受宠若惊，他感到与这位未来的普鲁士国王发展友谊，有利于自己在与法国当局打交道时抬高声望和地位。于是他立即给弗里德里希回信，对这位哲学家王子也给予了一番赞扬。伏尔泰与弗里德里希王子的友谊就在互相的通信中展开了。这位王子毫不掩饰对伏尔泰的欣赏，一开始就提出邀请伏尔泰到普鲁士供职的想法。伏尔泰婉转地拒绝了王子的邀请，虽然伏尔泰把结交达官贵人和王公名媛看成是一种荣耀，但是他人品清高，希望保持自己独立的人格，而不是屈从做王子的仆从。对于伏尔泰的拒绝，弗里德里希不但没有恼怒，还紧接着给伏尔泰寄来了一只镶有苏格拉底胸像的手杖，意在把伏尔泰比作苏格拉底。苏格拉底是古希腊一位伟大的哲学家，他把哲学"从天上拉回了人间"，启蒙了人类的哲学思维。在 18 世纪，人们都喜欢把启蒙思想家比作苏格拉底。

1740 年 5 月 31 日，弗里德里希·威廉国王逝世，王储弗里德里希继任普鲁士国王，号称弗里德里希二世。他喜形于色地向伏尔泰通报了自己登基的盛况，并要求伏尔泰把他作为一位热情的公民、一位有怀疑主义色彩的哲学家和真诚的朋友看待，真诚地希望伏尔泰也像他一样鄙视爵衔、门第和奢华，只作为一个人给他写信。当时伏尔泰正在西雷埋头写作，有一位年轻的国王对他如此的推心置腹，视如知己，真使他有点飘飘然起来。他兴奋地宣称，这是他一生中最幸福的一天。1740年夏天，伏尔泰接到了弗里德里希国王的来信，他将到布鲁塞尔和巴黎匿名旅行，届时想拜访伏尔泰。伏尔泰和爱米莉激动不已，他们也渴望和这位交往已久却从未谋面的普鲁士国王见面。终于在9月11日，伏尔泰和弗里德里希在布鲁塞尔附近的一个叫克利夫斯的小镇上会面。伏尔泰在克利夫斯待了整整三天，在与弗里德里希国王的相处中，他们互相留下了深刻而良好的印象。两人探讨了灵魂不死、意志自由和柏拉图哲学之类的问题。在这次会面中，伏尔泰仍旧表达了自己不愿寄居国王门下的想法，但他也表示乐意为这位国王效劳。因此，两人的友谊持续地保持着。早在1738年，还是王储的弗里德里希写了一本驳斥马基雅弗利《君主论》的书——《反对马基雅弗利》。马基雅弗利是意大利文艺复兴时期著名的思想家，他主张君主应集狮子和狐狸的特性于一身，不怕诉诸暴力和欺诈，为了达到自己的政治目的可以不择手段。弗里德里希在他的著作中强烈反对这种主张，他认为这种政治主张有损国王的形象，君王应以公道、仁慈和博爱治国安邦，他提出"国王应是国家的第一仆人"。1740年1月，伏尔泰收到王子寄来的手稿，他对这位未来国王的政治主张十分赞赏。应王子的要求，伏尔泰对全书进行了修改、润色，并欣然为之作序，热心将其介绍给出版商，筹备出版。可是弗里德里希继承王位之后，却不想出版这部著作了，国王的生活使他改变了原有的看法，他预感到不久就会把自己激烈反对的马基雅弗利的政治主张付诸实践。他写信恳请伏尔泰为了上帝，买下全部版权。伏尔泰立即前往荷兰海牙与出版商联系，出版商认为这本书肯定会畅销，因而坚决不同意出卖版权，只允许对手稿作必要的校正。为了使弗里德里希的著作缩小影响，伏尔泰只好在手稿中又加进一些毫无意义的词语、句子和段落，尽可能使原书锋芒毕露的思想模糊不清。

1740年11月19日，在弗里德里希国王的一再邀请下，伏尔泰来到柏林。国王在王宫举行了盛大的晚会欢迎伏尔泰的光临，并且自豪地告诉伏尔泰，他将在柏林兴建豪华的宫殿、学术会堂和皇家歌剧院，同时谦虚地请求伏尔泰为普鲁士国家文化艺术的发展出谋划策。弗里德里希重视社会文化建设、关心艺术发展的言谈举动，使伏尔泰不得不再一次对这位年轻的国王作出新的评价。他觉得他理想中的、一辈子都在寻找的开明君主就是弗里德里希。然而，正当伏尔泰还在称颂弗里德里希治国安邦的文治武功之时，弗里德里希在法国的支持下，发动了西里西亚战争，悍然出兵夺取了奥地利重要的工业区西里西亚。1740 年下半年，奥地利国王查理六世去世，长女玛利亚·特利萨继承王位。法国、巴伐利亚、萨克森、西班牙、撒丁和普鲁士都拒绝承认玛利亚·特利萨的合法继承权，因而，联合发动了争夺奥地利帝位继承权的战争。一时间，战火弥漫，兵荒马乱，伏尔泰赶紧逃离普鲁士。伏尔泰已经意识到弗里德里希是一位热衷于侵略扩张的君主，于是他给这位好战的国王写了很多信，婉转地指责发动战争的国王给人民带来的灾难，阐述自己人道主义的理想。不过这时的伏尔泰还未亲身体验过宗教专制和盲目宗教崇拜的可怕，他认为教权主义、制度化的宗教，比军事征服危害更大。他宣称"我不怕国王，我怕教士"。因此他仍然与弗里德里希国王保持着相互尊重和友好的关系。

1741 年，普鲁士国王弗里德里希出兵侵占奥地利的西里西亚后，为了换得合法的永久占领权，他与玛利亚·特利萨达成秘密交易，率先承认了她对王位的合法继承权，而废除了与法国的联盟。此时，英法之间的争执也逐步升级，法国对此深感不安。1742 年年底，法国首相弗勒里紧急召见伏尔泰，希望他利用与普鲁士国王的友好关系，迅速前往柏林斡旋。伏尔泰对法国当局并没有多少好感，但是他也为自己祖国的危机担忧。他接受了首相的派遣，充当一名民间大使匆匆前往普鲁士。弗里德里希尽管正忙于战事，但还是热情地接待了伏尔泰，并且一有机会也乐意与他交谈。在谈文论诗中，伏尔泰也恭维弗里德里希的雄才大略，赞美他的文治武功。当普王听得心花怒放的时候，他又分析当前的局势，指出普鲁士可能出现的不利情形，希望他们不要与英国结盟。伏尔泰还向弗里德里希夸耀法国军队的强大和勇猛，设法使普王在英法之争中保持中立。伏尔泰的游说虽然不能直接影响弗里德里希的对外政策，但在一些重大的问题上普王也不得不三思而行，不敢过分胆大妄为。1743年，法国与奥地利的战局十分不利，普鲁士、英国和奥地利的玛利亚·特利萨都从战争中捞到了好处，而法国在波希米亚战争中由于指挥失误、准备不足而连遭败绩。路易十五和他的大臣都想利用伏尔泰和弗里德里希的友好关系，劝说弗里德里希恢复被他废除的普法联盟，于是，国王指示伏尔泰再次前往柏林，并且要当好业余侦探。1743年6月，伏尔泰从巴黎动身后再次到达柏林。伏尔泰的再次到来，又受到弗里德里希的崇高礼遇。他在王宫的花园里热情接待了他，还陪同伏尔泰一起散步，参观他刚刚买来的古代雕塑。晚上又举行隆重的欢迎宴会，并把伏尔泰的下榻处特意安排到自己的隔壁。伏尔泰在柏林安定下来之后，便开始派人回巴黎，用密码报告他所掌握的一些重要情况，如荷兰的军费开支、弗里德里希对法国军队的看法等。他还热情地向法国政府陈述普法联盟的好处，奉劝路易十五采取友好行动改善两国关系。他表面上尽量装出是在为弗里德里希努力工作，而不是执行法国政府的秘密使命。弗里德里希是一位反应机敏的年轻国王，他一眼就看出了伏尔泰此行的真正目的，因此，他与伏尔泰不谈论政治、军事和外交上涉及实质性的问题，总是把谈论的话题限制在哲学、宗教和诗歌、戏剧之上。弗里德里希实际上已在考虑重新缔结普法联盟，打击英、奥两国，以获得更多的利益。但是他不想与伏尔泰谈论这些问题，唯恐伏尔泰达到此行的目的，赢得法国宫廷的宠爱，使他想把伏尔泰为己所用的希望落空。为了使伏尔泰进一步与法国宫廷结怨，以致走投无路，最后只能投靠到自己的门下，弗里德里希听从谋臣的计策，伪造了一封伏尔泰的信件交给法国大臣布瓦埃。在这封信中，伏尔泰对路易十五和他的大臣们不屑一顾，公然攻击法国朝廷。后来，伏尔泰察觉了弗里德里希的卑劣行为，他怒不可遏，气愤地说："我宁愿在瑞士的一个小村庄生活，也决不在用如此卑鄙手段诱捕我的那个人的宫廷中生活。"弗里德里希伪造信件的事件败露后，伏尔泰决定离开普鲁士回到法国。但是他又担心弗里德里希不让他回去，他立即给法国首相写信。首相迅速回信，表示伏尔泰在凡尔赛宫已再次受到尊重，请他马上回国。伏尔泰收到信后，如获至宝，立刻出示给弗里德里希，准备告辞。弗里德里希还想挽留他，并答应给他一幢带有豪华装饰和家具的房子，伏尔泰没有接受。1743年10月19日，他离开柏林。在动身前他问普鲁士国王，是否有什么话要捎到凡尔赛宫，弗里德里希仍没有对普法重新结盟之事表态，而仅仅让伏尔泰带给路易十五一首颂词。

1750年1月，普鲁士国王弗里德里希又开始更加殷勤地邀请伏尔泰到普鲁士供职，他在给伏尔泰的信中这样写道："我尊敬您，尊敬您这位口若悬河的老师。我爱您，爱您这位善良的朋友。您到这个国家里来，就如同在您的祖国，在一个怀有崇高心意的朋友家里一样，会受到器重。您在这里还怕什么奴役、什么不幸和什么改变呢？"在弗里德里希的恭维、谄媚下，伏尔泰一时感情冲动了，他自己也承认这一事实。他说："我们的兄弟、作家们通常不得不向国王谄媚，但这一位国王，他本人却无所不至地赞扬着我。"但是，促使伏尔泰走进普鲁士王宫的主要动机，还不是个人的自尊心，也不是追求眼前的物质利益，而是他天真地相信世界上可能存在着开明君主制的王国，他希望利用自己国王教师的身份，借助这位哲学家国王来推行为本民族幸福而进行的重大社会改革。1750年6月，伏尔泰离开巴黎经丰特诺瓦和克利夫斯前往柏林。当他离别时，他最后一次拜见了路易十五，他客套地问国王陛下有什么指示。路易十五冷淡地说，他同意伏尔泰在任何时候自由地离开或返回法国。当伏尔泰走出宫廷之后，路易十五高兴地对他的大臣说，现在好了，普鲁士宫廷多了一个疯子，法国宫廷少了一个疯子。伏尔泰来到普鲁士受到弗里德里希前所未有的礼遇。国王把他安排在波茨坦城郊的豪华夏宫——莫愁宫下榻，这里离柏林十几英里，环境优美，建筑华丽，是弗里德里希登基后修建的他最为欣赏的宫殿之一。国王选在这里为他举行盛大的欢迎仪式，并当众宣布为伏尔泰提供两万法郎的年俸。然而，到柏林后不久，伏尔泰就发现，弗里德里希也并不像他自我标榜的那样是"国家的第一仆人"，他根本不体察民间疾苦，开明有限，专制过度，一个人牢牢控制着整个国家。伏尔泰对自己曾寄予很大希望的这位"开明君主"开始感到厌恶和失望。弗里德里希对伏尔泰的看法也大大改变，他逐渐认识到伏尔泰除了有超人的哲学头脑和艺术天才外，还有深刻敏锐的社会洞察力，嬉笑怒骂，敢作敢为。这些使这位国王感到不安，由最初的敬重变为反感，尊贵的国王看不惯这位名人的傲慢习气。后来的一些不愉快事件更加深了他们之间的裂痕。一天，弗里德里希的御医拉美特利曾悄悄告诉伏尔泰，当他某次与国王谈及伏尔泰在宫廷中的特权地位和由此引起的嫉妒时，国王冷淡地说："我最多还需要一年，橘子汁挤干了，皮就要扔掉。"伏尔泰如梦初醒，他知道自己名义上是王室的"上宾"，实际上只不过是国王的御用工具而已。1752年，柏林科学院院长莫伯都依写了一篇题为《论宇宙学》的论文。在该文中，他试图用数学公式来论证神的存在，提出"最低限度律"原则，认为自然界总是以最低限度分配各种原动力，并扬扬自得地企图用这个原则对宇宙中的一切运动作全面的解释。曾做过爱米莉科学教师的柏林科学院院士柯尼希不同意院长的论证，并坚决予以了驳斥。莫伯都依珍视自己的荣誉，不允许别人与他为敌，他利用手中的权力对柯尼希实行打击报复，逼迫他辞去了柏林科学院院士的职务。伏尔泰对这一霸道作风极为不满，立即撰文对其违反学术道德的行为进行揭露和批判。伏尔泰抓住这位堂堂柏林科学院院长的奇思异想，大力攻击普鲁士官方科学的愚昧无知。他以他人的名义，迅速写了一本题为《阿卡基亚博士的驳议》的小册子，自己设法印刷出来，四处分发。在这本小册子里，伏尔泰以绝妙的讽刺手法，尽情嘲讽莫伯都依的愚蠢荒谬，把弗里德里希门下这位装点门面的宠臣挖苦得淋漓尽致。莫伯都依成了笑柄，整个普鲁士的官方科学机构都成了众人趣谈的佐料，为伪科学辩护的"开明君主"也成了世人取笑的对象。弗里德里希被伏尔泰的行为气得发狂，他急忙派人将伏尔泰散发的小册子一一搜集起来，堆放到伏尔泰的窗下，付之一炬。伏尔泰忍无可忍，他知道，跟弗里德里希公开决裂的时候到了。1753年元旦，他把象征宫廷侍臣的钥匙和授予的勋章退回给普鲁士国王，并附了一首简短的别辞："我接受时满心欢喜，我璧还时一腔悲苦，正如一个妒忌的情人，在愤懑时交还情妇的肖像。"弗里德里希害怕影响到自己开明君主的名声，不想让伏尔泰这样离开柏林，他拒绝接受伏尔泰退还的官符，甚至还和颜悦色地规劝伏尔泰回心转意。但伏尔泰决心已定，他要离开这个已使他生厌的国家。1753年3月26日，伏尔泰整理行装，匆匆离开柏林。临行前，正在观看部队操练的弗里德里希礼节性地说了一句："先生，祝您旅途平安。"伏尔泰惶恐地在凄凉、清冷的早晨登上了远行的马车。时过境迁，物是人非，回想起自己初来乍到所受到的隆重热闹的欢迎场景，伏尔泰更深刻地体会到了什么叫人情冷暖、世态炎凉。

伏尔泰在1753年回到巴黎后，就结束了与弗里德里希国王的密切交往，这一段曲折的友谊让伏尔泰一直耿耿于怀。在1758年伏尔泰写回忆录时曾经许诺，将在书里叙述自己的所作所为，他的感受，他曾经想做的事……不过，在对西雷时光作了些许介绍之后，回忆录很快就变成了声讨他的故交普鲁士国王弗里德里希的檄文。可见，伏尔泰既把这一段友谊看作人生的珍贵经历，又因法、普两国政治原因导致两人不欢而散的结果深感遗憾。

英国皇家学会会员与法兰西学院院士

前文所述，在英国期间是伏尔泰人生的一个重要时期。他在英国居住了三年，考察了那里的政治制度和社会习俗，研究了英国的唯物主义经验论和牛顿的物理学新成就，形成了他反对封建专制主义的政治主张和唯物主义的哲学观点。同时，英国人对伏尔泰也有了良好的印象，他们非常尊敬这位英国文化的传播者。1743年11月，伏尔泰接受了英国的友好邀请，当选为英国皇家学会会员。

英国皇家学会（Royal Society）是英国资助科学发展的组织。成立于1660年，并于1662年、1663年、1669年领到英国皇家的各种特许证。英女皇是学会的保护人，学会的全称是"伦敦皇家自然知识促进学会"，它的宗旨是促进自然科学的发展，在英国起着全国科学院的作用。英国皇家学会是世界上历史最长而又从未中断过的科学学会，1660年查理二世复辟以后，伦敦重新成为英国科学活动的主要中心。学会的院士都是来自英国及英联邦的著名科学家、工程师和科技人员。自 1915 年以来，皇家学会的历任会长都是诺贝尔奖奖金获得者。皇家学会共分两大学科领域，即物质学科领域（**包括数学，通称 A 类**）和生物学科领域（**通称 B 类**），下边又分设十二个学部委员会。学会成员分为皇家会员、英籍会员、外籍会员三类。皇家会员只产生于皇族，不定期选举；英籍会员每年至多选出四十名；外籍会员每年至多选出四名。因此，对于刚刚蜚声文坛的法国人伏尔泰来说，当选英国皇家学会的会员是一项极高的社会荣誉。

然而，对于伏尔泰来说，他心目中至上的荣誉是成为法兰西学院院士。法兰西学院是法国最高学术研究机构，它由起源于 17 世纪、18 世纪的几个皇家学院组成。最早成立的是法兰西语言学院，成立于 1636 年 12 月 12 日，主要任务是整理辞典资料、研究语法，推进法语的规范化。院士多为文学家，但也有一些著名文豪如狄德罗、巴尔扎克、福楼拜、左拉等被拒之门外。法兰西学院后来还先后建立了金石和文学院、科学院、伦理学和政治学院、艺术学院。法兰西学院是法国独具一格的机构，它是法国唯一具有将人类精神和创造力拧成一股绳式的学院。在这座学院里，诗人、哲学家、历史学家、批评家、数学家、物理学家、天文学家、自然学家、经济学家、法学家、雕塑家、画家、音乐家能够互称同僚。所以法兰西学院院士名额是珍贵而固定的，只有名额空缺时才重新增补，新院士必须得到国王的认可。因此，成为法兰西学院院士是一种很高的荣誉。1736年，法兰西学院出现两个空缺，伏尔泰当即提出申请，由于宫廷的反对，他连候选人的资格都没有得到。1743年1月29日，法兰西学院院士、首相弗勒里去世，又留出了一个空缺，伏尔泰又申请递补。虽然舆论认为，法兰西最伟大的作家不能成为院士，这是非常荒唐的事，但原有的院士都不希望与这位使自己相形见绌的人为伍，只好提交国王定夺。这时，路易十五对伏尔泰的看法已有所改变，他游说弗里德里希也获得了国王的好感，国王的情妇夏多罗夫人热情支持伏尔泰，里舍利厄公爵也四处疏通。但是由于教会和一些大臣的坚决反对，伏尔泰还是落选了，空出的席位被贝叶主教德卢安神父获得。弗里德里希国王得知伏尔泰竞选院士落选时还同情地写信给伏尔泰说道：伏尔泰得到整个城市崇拜，却被宫廷蔑视；受到剧院观众的喝彩，却被学院拒之门外，这样的国家不应待下去。也因此令弗里德里希有一个契机邀请伏尔泰定居柏林，他趁此机会向伏尔泰表明，柏林这个伟大的城市对天才将有正确的评价和崇高的礼遇。

　　1746年，法兰西学院又空出了一个席位。伏尔泰尽管几次申请获得院士头衔受挫，但热衷于法兰西学院名誉和地位的他决不会就此罢休。当他得知消息后，马上让他的同学，时任外务大臣的托达让塔尔帮他说情，又请路易十五的情妇蓬巴杜夫人给国王疏通。为了防止教会人士的再一次反对，他一边大肆渲染教皇与自己的友好关系和对《穆罕默德》的支持，一边四处散发自己的一封信，阐明自己宗教思想的正统性，他声称"如果在有我名字的一页纸上发现诽谤哪怕是教堂司事的文字，我也愿把它销毁"。他敢于这样大胆地表态，是因为他早前有关自然神论和反教权主义的作品都是匿名发表的。伏尔泰从1744年开始主动为法国宫廷效劳，给国王留下了良好的印象。他为王室创作的戏剧《丰特诺瓦》和《纳瓦尔公主》又使国王路易十五非常满意。因此，路易十五这一次明确表示支持伏尔泰当选。1746年4月，法兰西学院通过无记名投票表决，二十九位院士一致同意接纳伏尔泰。他终于得到了自己渴望已久的最高荣誉，他认为自己当之无愧。但是他也对自己当选的过程和背景感到气愤，他认为自己有价值的作品无人问津，而为拍马屁而写的拙劣之作却博得王室青睐，为什么凭真才实学进不了国家的最高学术殿堂，而非得通过宫廷朋友的处处疏通，甚至使出不光彩的手腕才能当选。伏尔泰深深地意识到自己身处的社会地位带来的矛盾，他渴望尊敬，却不能做一个和王室关系紧张的人。他的灵魂里憎恶封建宗教等级制度的桎梏，但为了能够做一个"自然而又温存"的哲学家自由地创作，只能戴着另外的面具生存。正如按法兰西学院的传统习惯，每一位新院士在接受席位时，必须发表对他所继承席位的前任院士和本学院的奠基者黎世留的颂词。伏尔泰曾经在《哲学通信》中专门抨击过这种刻板的形式，说这是使公众讨厌的传统惯例，会使最伟大的天才发表最糟糕的演说。但是，当伏尔泰被接纳为院士时，他也没有勇气真正打破惯例，而只得老老实实地按规矩在正式仪式上发表演说，颂扬他的前任布依埃尔以及黎世留主教。

路易十五王室的侍臣

曾经不断使伏尔泰难堪的法国首相弗勒里死后，布瓦埃担任了首相，他的同学达让松侯爵担任了外务大臣，伏尔泰的处境逐渐有了好转。伏尔泰出访柏林期间，爱米莉到处托熟人找关系，在达让松侯爵的帮助下，通过路易十五的情妇蓬巴杜夫人的疏通，法国政府正式赦免了伏尔泰，允许他从西雷返回巴黎居住。

1744 年秋，伏尔泰和爱米莉应里舍利厄公爵的邀请，返回巴黎参与筹办王太子的婚礼。里舍利厄早已升任国王的首席侍臣，他奉命策划在凡尔赛宫举行的盛大结婚仪式。路易十五和大臣们抱怨公爵过去筹办的招待会缺乏趣味，平淡无奇。皇太子大婚，这是法国官廷最大的喜事，里舍利厄公爵不敢怠慢，他马上想到了好友伏尔泰，他要请这位法国文坛的第一高手为婚礼创作文艺节目，供王公大臣消遣。伏尔泰很早就被人们称作是"高乃依和拉辛的继承人"，并已在悲剧创作中取得杰出的成就，但是现在要为王太子婚礼创作一部能引起轰动的应景之作，他确实有点犯难了。他绞尽脑汁构思了一个名叫《纳瓦尔公主》的新剧本，他和著名作曲家拉摩合作，准备把它写成一个小歌剧。这年秋冬两季，伏尔泰放下手头的其他工作，把全部精力投入了这部作品的创作上。他不断修改，一次又一次地把草稿送给里舍利厄公爵过目，虚心听取意见。经过紧张的工作，剧本总算大功告成。具有很高艺术鉴赏力的爱米莉对这个剧本不是很满意，她认为它还没有达到伏尔泰以前创作的任何一部悲剧的水平。伏尔泰本人也没有奢望它会取得成功，他本来就是把它当作一件苦差事来完成的，根本就没有创作的激情。2月23日，王太子和西班牙公主豪华奢侈的婚礼在隆重、热烈、欢快的气氛中举行。婚礼庆典演出丰富多彩，激动人心。在最后上演压轴戏《纳瓦尔公主》时，国王、王后、王太子、太子妃以及全体大臣坐在舞台前，伏尔泰特邀的一些朋友如后来与他保持亲密关系的外甥女德尼夫人等也前来捧场。令伏尔泰没有想到的是，这一部糅合了歌剧、喜剧、芭蕾舞等形式的音乐喜剧，激起了王公大臣们阵阵热烈的掌声。媚俗的《纳瓦尔公主》得到了国王和王后的好评。面对王公大臣的一片赞扬之声，51岁的伏尔泰却感到浑身不自在，他为自己沦落成替国王寻乐的小丑而羞愧。

伏尔泰一再取悦凡尔赛宫，终于得到了路易十五的回报。通过达让松侯爵的推荐，在路易十五的新宠蓬巴杜夫人的帮助下，1745年4月1日国王签署命令，任命伏尔泰为宫廷史官，年俸二千法郎，并在凡尔赛宫分配给他一套房子。一直被法国宫廷视为难以容忍的危险人物，在受尽迫害、老之将至的时候，却突然走起红运，成了国王的近臣。伏尔泰自己也觉得啼笑皆非，不过，宫廷对他的友好表示他又觉得荣耀和宽慰。他赞同君主制，对开明仁慈的君主一直怀有美好的感情，他在思考路易十五是否正在逐渐走向开明。

1745年，路易十五亲率大军赴丰特诺瓦与英国—汉诺威联军激战。5月15日，法国军队在丰特诺瓦重创联军。胜利的消息传到埃蒂奥尔和巴黎，法国人兴高采烈，法兰西军队在这个世纪终于第一次打败了称王称霸的英国人。身为宫廷史官的伏尔泰意识到该是自己大唱赞歌的时候了，他立即用史诗体裁写下了颂诗三百句《路易十五取得反对联军的丰特诺瓦战役的胜利》(后来简称《丰特诺瓦》)。他彻夜不停赶写出初稿,马上送去出版。后来又根据源源不断得来的材料加以修改、补充,到5月26日短短十天之内,《丰特诺瓦》竟已出了五版。路易十五得胜凯旋,巴黎人倾城出迎,举国欢腾;凡尔赛宫大宴宾客,歌舞升平。志满意得、神采飞扬的国王听说伏尔泰为他写了一首很不错的颂诗时,他急忙请人把《丰特诺瓦》找来,并为他朗诵。他惊叹作者的才华,对赞美自己的诗句非常满意,认为这个作品的确很不错。伏尔泰得知国王称赞自己的诗作很为高兴,甚至还沾沾自喜起来,觉得自己在宫廷的地位正在一天天提高。

住进凡尔赛宫之后,伏尔泰一再地讨好国王、王后、大臣和国王的情妇,积极为国王效劳,开始赢得国王的赏识。1746年11月,伏尔泰在枫丹白露接受任命,充当国王路易十五的侍臣。这在法国宫廷里是一个十分荣耀的头衔,伏尔泰当然感到非常荣幸。对国王的不断宠幸,他开始飘飘然,似乎有点忘乎所以,他经常把国王侍臣的头衔洋洋洒洒地署在自己的作品上。这引起了某些贵族的嫉妒和恼怒,他们认为这位资产阶级出身的诗人,不配享受这种只有贵族才能享有的荣誉。春风得意的伏尔泰也反唇相讥,毫不掩饰自己对这些不学无术的贵族的蔑视。伏尔泰根本就没有意识到,他生活的环境中正处处潜伏着危机。果然,一件小事差点断送了伏尔泰的朝臣生涯。

事情是由爱好打牌赌博的爱米莉引起的。有一次，她和伏尔泰在枫丹白露时，又忍不住赌瘾发作，要坐到牌桌上一显身手。可是一连几个晚上都手气不佳，她不仅输光了自己的钱，也输掉了伏尔泰所带的钱。接着她又从朋友和高利贷者那里借来很多钱，同样也输得精光。赌红了眼的爱米莉仍然不肯罢休，伏尔泰又急又气，迅速走到她身边轻轻用英语对她说，不要责怪自己运气不好。过度的激动已使她看不清正在和她赌钱的是一群骗子，伏尔泰劝她赶快收场，离开这些坏蛋。爱米莉不听，甚至还和伏尔泰激烈争吵起来，气愤之中，两人还讲了许多使在场的人难堪的话。参与赌博的都是贵族男女，当时赌博游戏是得到宫廷赞同举行的，伏尔泰这样说，可以被看作诽谤朝廷。虽然他是用英语讲的，争吵用的也是英语，但是敏感的爱米莉突然发现了大家愤怒的骚动，一些旁观者已经听懂了伏尔泰的话和他们的争吵。伏尔泰和爱米莉连忙回到了住所，静下心来，他们越想越害怕，担心那些过去与伏尔泰作对的贵族马上会去向国王告发，将他送进巴士底狱。于是，他们决定连夜逃出巴黎。在出逃的路上，疲惫不堪的爱米莉自己返回巴黎，伏尔泰先在附近一个小村庄里躲藏起来之后，派人给住在巴黎郊外索宫的曼纳公爵夫人送信，告诉她昨晚发生的事情，问她是否同意自己在她的府上躲避几天。曼纳公爵夫人是孔代亲王的孙女,她的丈夫曼纳公爵是路易十四与情妇蒙特斯庞侯爵夫人所生,是摄政王奥尔良公爵的内弟。曼纳公爵夫人个头很矮,行为古怪,但办事很有魄力,敢作敢为。路易十四去世前,她极力怂恿胆怯的丈夫去争取王位,当时还很得到一些人的拥戴,路易十四在遗嘱中也的确很想成全他们,但终因王室的反对而未能如愿以偿。争取王位失败以后,公爵夫人移居到远离法国宫廷的索宫。在这里,她招贤纳士,议论朝政,以"在野爵府"的小朝廷自慰。公爵夫人学问渊博,谈吐风趣,雅爱诗文,常常喜欢与门下食客吟诗唱和。大名鼎鼎的伏尔泰前来投靠,正是她求之不得的好事,她的小朝廷又可以借机风光一番,她急忙派车将伏尔泰接进了自己的城堡。

伏尔泰躲到索宫之后,仍不敢明目张胆地抛头露面。他住在索宫最偏僻角落的一间房子里,白天待在自己的房子里写小说,只有到了晚上夜深人静之时,才敢出来到曼纳公爵夫人的卧室用餐、叙谈。公爵夫人非常健谈,她很高兴与伏尔泰交谈,每当这时,公爵夫人就在自己的床上放个小桌子,摆上酒菜,兴奋地与伏尔泰边吃边谈。她眉飞色舞地讲一些她公公路易十四及其宫廷的奇闻逸事,伏尔泰由于正在写《路易十四时代》,因而对这些一手材料非常感兴趣,常常听得津津有味。他也兴致勃勃地谈古论今,机智幽默、滔滔不绝，深得公爵夫人的赏识。为了取悦女主人，他还把白天关在屋里写出的小说，一章一章地念给她听，很多小说就是伏尔泰特意写给公爵夫人消遣的。《如此世界：巴蒲克所见的幻象》、《查第格》（或《命运》）、《门农》、《米克洛米加斯》等具有浓郁东方色彩的哲理小说便是在这种情况下一本一本写成的。

《如此世界：巴蒲克所见的幻象》（简称《如此世界》）是伏尔泰的第一部哲理小说。它的基本构思形成于伏尔泰当朝臣时踌躇满志时期，初稿于1746年写成。这是一个神话式的故事，表面上描写的是波斯和印度太监为了一己私利发动战争的罪行，而实际上是在影射从路易十四到路易十五时代一连串的对外战争。它揭示了上流社会男女关系混乱、卖官鬻爵、教派纷争、社会风气污浊、舆论欺善怕恶、人与人之间尔虞我诈等丑恶现象，这些都是法国社会的真实写照。小说主人公巴蒲克认识到祭司可恶，赞扬新兴资产阶级子弟，提倡由贤明政府、开明君主领导。这些思想正是伏尔泰早期的政治主张。

《查第格》完成于1747年。它以古代的东方为背景，富有浓郁的神话色彩和异国情调。故事讲述的是古代波斯巴比伦有一位名叫查第格的青年，他品格善良，明哲保身，但灾祸总是接连不断地降临到他的头上。当爱人赛弥尔要被贵族子弟抢走时，他挺身而出誓死保卫心上人，结果被打瞎了一只眼睛，由于面貌变得丑陋遭到爱人的背叛。他还因为司法黑暗而两次无缘无故被捕入狱，他得到国王的信任和王后阿斯达丹的爱情后，又受到陷害，不得不仓皇出逃，在逃亡中吃尽了苦头。最后国家动乱，国王被杀，他靠自己的本领被推举当了国王。在这一小说中，伏尔泰所采用的仍然是托古讽今的手法，他揭露法国社会的黑暗和腐败，抨击宗教狂热，宣传宗教宽容和自然神论的思想，抒发了自己向往开明君主制的理想。这部在龟缩索官的惊恐不安时期写出的作品，与《如此世界》相比，对法国现实的看法显得更为消极。

清楚伏尔泰藏身索官的只有爱米莉、达让松侯爵和德尼夫人，别的人都以为他已出国。爱米莉在巴黎的日子也非常艰难，她不断地想办法凑钱，偿还赌债。11月底，当她偿还完最后一笔债时，伏尔泰觉得可以重返巴黎正常生活了。他当朝臣的生涯虽然结束，但还没有与宫廷公开决裂。回到巴黎以后，伏尔泰仍然到宫廷供职，但是，他明显地感觉到，他受宠的日子已经结束了，无论在巴黎还是在凡尔赛宫，他都成了不受欢迎的人。

第 6 章

《路易十四时代》：
不仅写历史，同时也写精神的史书

只有哲学家才配写历史

伏尔泰有较重要的史学著作四部，分别是《查理十二世》《路易十四时代》《风俗论》《彼得大帝时代的俄国史》。《路易十四时代》是伏尔泰的史学代表作，它给人们提供了一幅路易十四时代社会生活各方面较为详细的图景。《路易十四时代》是伏尔泰 1732 年在西雷隐居时就开始酝酿创作的，一直到 1751 年上半年历经了二十个春秋的艰苦撰写才终于完稿。这部历史巨著完稿后首先在柏林出版，紧接着在普鲁士、英格兰、荷兰和法国等地相继出版，产生了广泛而深远的影响。

路易·迪厄多内·波旁，自号太阳王，是法国波旁王朝著名的国王，又称为纳瓦拉国王，巴塞罗那伯爵，1643年5月14日至1715年9月1日在位。他是法王路易十三的长子，出生于法国圣日耳曼昂莱。1643年5月14日，路易十三驾崩，其临终诏命：任命马扎然为首相，并安排王后安娜、王弟奥尔良公爵加斯东、孔代亲王等组成政务会议，为年幼的国王监国。直到1661年马扎然死后路易十四才真正开始亲政，他的执政期是欧洲君主专制的典型和榜样。在阿尔芒·让·德·普莱西·黎塞留和马萨林的支持下，路易十四在法国建立了一个君主专制的、巴洛克式的专制王国。路易十四一共执政七十二年，是世界上执政时间最长的君主之一。他发动战争、在凡尔赛宫举行豪华的夜宴、资助艺术和科学的发展来为他自己增光。在财政大臣让·巴普蒂斯特·柯尔贝的帮助下，他将整个法国的官僚机构集中于他的周围，以此强化法王的军事、财政和机构的决策权。

在记述这位太阳王执政时代的《路易十四时代》一书中，伏尔泰第一次提出"历史哲学"的概念，主张用"理性"审视历史现象，判断前人的功过是非，写出有哲学意味的历史。伏尔泰认为，历史只不过是一幅罪恶与灾难的图景，读他之前的历史学家如约克派和兰开斯特派的历史，抑或是其他派别的历史，像是读不折不扣的强盗的历史。为此，伏尔泰提出：把哲学用之于历史，并努力在层出不穷的政治事件后面追寻人心的历史，就可能找到一条出路。因此，他说只有哲学家才配写历史。在别的国家中，历史都因诸多无稽之谈而被搞得面目全非，直到最后，哲学才开始给人以启发。而当哲学终于来到这黑暗之中时，却发现人们的内心已因几个世纪的错误而大受蒙蔽，以至于几乎无法醒悟过来了。礼法、事实、纪念碑堆积如山，却都为了证明谎言。伏尔泰得出结论：历史毕竟只是我们站在死者身上玩的一连串把戏而已，我们篡改过去来迎合我们对将来的愿望，只是想让人们相信任何事物都是可以用历史证明的。伏尔泰在"太阳王最后的岁月"中描述了路易十四生命最后时刻的情景：人们称赞路易十四走得很勇敢，不是说他不惧死亡，而是他在最后的时刻勇敢地承认了自己的错误。他把5岁的路易十五抱在怀里，慈祥而悲凉地讲了一番要他的继承人贴在床头、记在心里的话："孩子，你就要成为法兰西的国王了。你要记住，因为你的一切都是仁慈的上帝赐予的，所以你要对上帝负责。要与我们国家的邻居和睦相处，我过去太崇尚武力，太喜欢战争了，钱也挥霍得太多了，这些方面你不要学我。遇事要多征求意见，在众多的回馈里选最好的、最合适的予以照办。人民遭受的苦难太多了，要尽快想办法补偿。我已经没有时间去完成上帝要我完成的事业了，你要帮我完成。"可以看出，伏尔泰对于路易十四的帝王形象进行了中肯的刻画和评价。他在接下来的文中还写到了巴黎旺多姆广场上人们为路易十四树立的一座雕像，在底座四周刻满了拉丁文的铭文，其中有一段这样写道：路易十四除非不得已，绝不拿起武器。伏尔泰指出这是露骨的极尽阿谀谄媚之词，向来不喜欢过分浮夸的路易十四在临终前严肃地否认了这一对他过分的赞扬，那些铭文不过是一些文人奉承权势的浅薄作品而已。伏尔泰紧接着用自己的笔对路易十四作了一个总体的评价：路易十四虽然建立了无与伦比的功业，但他确实在很多方面都好大喜功。如果一个君主能创建同他一样多的功绩，却仍能保持简单朴素、谦虚谨慎的优良作风，那么，他将是当之无愧的所有的帝王中的第一名，而路易十四则只能甘居第二名了。

正是基于这样的人生经历和这样的历史观，让早已饱尝人间的辛酸悲苦，心情抑郁、愤懑的伏尔泰面对着如虎的苛政和糜烂的社会，于1732年开始用他的笔来抨击社会。尤其是在他的挚爱爱米莉移情别恋和死于分娩之后，伏尔泰更是奋笔疾书，以写作《路易十四时代》一书排解抑郁之情。

文明的进步有赖于理性

伏尔泰以前的历史著作是以纪传体为主，侧重记述政治和军事，几乎都是帝王将相的家谱罗列。伏尔泰认为应该把历史人物放在广阔的时代背景中来评述，记述的重点应放在财政、贸易、宗教、哲学、文学、科学等方面，要把人类精神的进步摆到应有的地位上。伏尔泰撰写此书的目的不在于写路易十四个人，而在于写他那个时代，以及那个时代人类的精神文化所取得的进步。在伏尔泰心目中，路易十四时代并不意味着路易十四的一生，而是略早和略晚于这个人的生命期限。因此，以路易十四命名那个时代绝不意味着伏尔泰全盘肯定这个时代和这位君主的一切。伏尔泰在 1731 年 8 月 24 日给奥利维的信中明确说过："路易十四时代在战争和政治方面，丝毫不优于其他时代，删掉艺术和人类精神的成果，就找不出足以引起后人瞩目的杰出东西来。"在另一处，他又说，《路易十四时代》书中的重点是"值得一切时代注意，能描绘人类的才智和风俗，足以起教导作用，引人热爱道德、学术和祖国的事情"。所以，着重描绘那个时代人们的精神和文化技艺的日臻完美，是这本书的宗旨。伏尔泰的工作无异于一个矿工，要在这种种错误、虚妄的历史长河中寻找有关人类历史的真理的金子，并且通过这些工作，从自己内心孕育出一种矢志不渝的理智与良心，这些因素促成了这位天才的成功。在写作的过程中，凡是涉及的题目，能收集到的东西他都看。他细心研究过成百卷的回忆录，并给留存于世的、与著名事件有关的人写过数以百计的信件，甚至在这部著作出版以后还继续研究，每一版都力求尽善尽美。

然而，这样的收集资料只是准备工作而已，需要有新的办法来进行选择和整理。只有事实是不行的，不说明问题的事实细节对于历史就仅仅是累赘而已。事实材料应该由编年史作者收集并整理成类似历史汇编那样的东西，人们需要时就可以查找，犹如查字典一般。伏尔泰所寻求的就是一个统一的原则，借以把欧洲文明的全部历史一线贯穿，他深信这条线索便是文化史。他坚决认为他的历史不应该讨论研究帝王，而要讨论研究各类运动、种种势力以及广大的群众；不讨论研究国家，而要讨论研究人类；不讨论研究战争，而要讨论人类精神的发展。战争和革命是他写作计划中最小的部分，部队征战的胜负、城池的陷落与收复是一切历史中常见的事。所以，撇开文化艺术和人类精神的进步，在任何时代，就找不到足以引起后世注意的任何东西了。这种把帝王排斥于历史之外就是最终将他们排斥于政府之外的民主思潮兴起的一部分。这种史学观也是废黜波旁王朝的发端，更是以后几个世纪史学发展的方向之一——文化史取代政治史。今天当我们畅快淋漓地阅读斯塔里夫·阿诺斯的《全球通史》时，请别忘记它源自18世纪伏尔泰开创的史学观。

伏尔泰坚信文明是人的创造，文明的进步有赖于理性。伏尔泰认为，伟人的行为会起决定性的作用。是他们缔造了那些伟大的世纪，他把路易十三、路易十四时期"礼仪"的进步归功于君主集权制：宗派思想消失了，国家精英云集在巴黎，数不尽的沙龙，青年和作家们在逐渐成长。从那时起，整个王国的生活都以国家政权为中心。这种国家统治方式的变化应当归功于谁呢？归功于伟大的国王路易十四。所以他认为文明不是在人类历史中自然而然地产生的。因此他在《路易十四时代》中说道："在很长一段时间里，人类都是像其他动物一样地生活着，经常是衣不蔽体，食不果腹……""纯自然"的状态只是那种"无知于粗野的初级阶段"。文明是对祖先粗野的征服，是由谁取得的呢？是那些伟人。在伏尔泰看来，伟人就是路易十四，或许更应当是彼得大帝，因为他所肩负的任务更加艰巨。在古西徐亚人生活的大草原上，这位天才的独裁者征服了那些"人类野兽"：他抓住了那些身上发臭的东正教神父，那些像熊一样浑身长满黑毛的特权贵族并把他们变成人，也就是说，变成"正直的人"。不过，伏尔泰最喜欢的英雄要算被他称为亨利大帝的亨利四世。人们会对这位文明史学家提出异议，说亨利四世时代是法国历史上最野蛮的时代，说那位贝阿恩（亨利四世的故乡）人只不过刚刚开始一场改革，刚刚开始一场将会带来文学艺术复兴的改革而已。然而，伏尔泰却特别钟爱这位英雄，从《亨利亚特》到《路易十四时代》到《风俗论》，亨利四世都占有相当重要的位置。这是因为亨利四世与恶势力的泛滥进行了斗争：封建割据，各宗派势力的残暴、迷信、宗教狂热……这位朝气蓬勃的国王是伏尔泰式的冲突中的英雄，是理性战胜黑暗势力的英雄。所以，伏尔泰写的是历史，心里想的却是现在。他关心时事，努力从历史中吸取教训，甚至从历史中寻找"武器"。伏尔泰是个天生的政治家，组织、策划"阴谋"，指导各种力量，把人们的思想引向某一个方向。这是他不懈地通过写作指引人们探寻人类文明进步过程中的理性光辉。伏尔泰在历史事件中阐明的理性正是他坚决反对宗教腐败和弊端的武器，伏尔泰因此在《路易十四时代》中的最后部分指出，人类理性重于神学争论。虽然他对宗教的批判仍受限于时代，但在政教分离的坚定立场上比路德等人更前进了一大步。除此之外，伏尔泰还把东方国家的历史当作世界历史整体的不可分割的部分加以研究。在《路易十四时代》中，他用一章专门讨论了耶稣会传教士在中国引起的礼仪之争，抨击基督教给每个国家都带来了不安。

人类精神处于最高地位的启蒙精神

凡是伏尔泰的作品，谈及其影响，自然是要与启蒙运动关联。路易十四时代就可看作伏尔泰等启蒙运动人士出现的土壤。路易十四在位七十二年，几乎是世界上执政时间最长的君主。这个时代类似于中国的康乾盛世，是欧洲封建专制主义由盛转衰的时期。《路易十四时代》对于启蒙思想运动的贡献也是毋庸置疑的。启蒙运动的先驱伏尔泰在历史著作上开了一代史学之先河，正是伏尔泰在书中坚持的尊重事实、尊重良心的历史观，批判超自然或宗教的神权决定历史运动的观念，使他在启蒙运动中屹立于人类思想之巅。因此伏尔泰的思想对18世纪的欧洲产生了巨大影响，后人曾这样评说："18世纪是伏尔泰的世纪。"

启蒙运动是指在18世纪初至1789年法国大革命间的一个新思维不断涌现的时代，与理性主义等一起构成一个较长的文化运动时期。这个时期的启蒙运动，覆盖了各个知识领域，如自然科学、哲学、伦理学、政治学、经济学、历史学、文学、教育学等等。启蒙运动的倡导者将自己视为大无畏的文化先锋，并且认为启蒙运动的目的是引导世界走出充满着传统教义、非理性、盲目信念以及专制的一个时期（这一时期通常被称为黑暗时期）。这个时代的文化批评家、宗教怀疑派、政治改革派皆是启蒙先锋，但他们只是松散、非正式、完全无组织的联合。启蒙运动发生在18世纪的欧洲，最初产生在英国，而后发展到法国、德国与俄国，此外，荷兰、比利时等国也有波及。法国的启蒙运动与其他国家相比，声势最大，战斗性最强，影响最深远，堪称西欧各国启蒙运动的典范。从字面上讲，启蒙运动就是启迪蒙昧，反对愚昧主义，提倡普及文化教育的运动。但就其精神实质来看，它是宣扬资产阶级政治思想体系的运动，并非单纯是文学运动。它是文艺复兴时期资产阶级反封建、反禁欲、反教会斗争的继续和发展，直接为1789年的法国大革命奠定了思想基础。启蒙思想家们从理论上证明封建制度的不合理，从而提出一整套哲学理论、政治纲领和社会改革方案，要求建立一个以"理性"为基础的社会。他们用政治自由对抗专制暴政，用信仰自由对抗宗教压迫，用自然神论和无神论来摧毁天主教权威和宗教偶像，用"天赋人权"的口号来反对"君权神授"的观点，用"人人在法律面前平等"来反对贵族的等级特权。启蒙运动被看作文艺复兴之后欧洲的第二次思想解放运动。启蒙时代的学者亦不同于之前的文艺复兴时代的学者，他们不再以宗教辅助文学与艺术复兴，而是力图以经验加理性思考而使知识系统能独立于宗教的影响之外，成为建立道德、美学以及思想体系的方式。在法语中，"启蒙"的本意是指"光明"。当时先进的思想家认为，迄今为止，人们处于黑暗之中，应该用理性之光驱散黑暗，把人们引向光明。他们著书立说，激烈地批判专制主义和宗教愚昧，宣传自由、平等和民主。

人们在谈到伏尔泰的政治观点的时候，总是喜欢想象，如果他能活到 100 岁，亲自参加法国大革命的话，他可能会怎么想。最不可思议的想象是，他可能会像他的那些精神后代维莱特、孔多塞和拉阿普所说的那样，最终是想重振或者终止他自己促成的一系列事件。因为，在他的作品中散布着一种革命精神。他让法国人习惯了蔑视历史和现实，他曾经这样说过："你们想拥有好的法律吗？那就把你们现在的法律烧掉，然后再制定新的法律吧。"18 世纪的法国群星荟萃，伏尔泰和所有启蒙运动的思想家，如同冲破重重黑暗的亮光，打破了欧洲中世纪的神学枷锁，开启了科学和理性之门。伏尔泰去世后，他的棺木上刻了这样一行字："他拓展了人类精神，他使人类懂得，精神应该是自由的。"伏尔泰为什么有这么高的地位？因为他一直在和愚昧、宗教、神权专制抗争，他始终坚持精神是自由的。他在后来的岁月里，同另一位著名的启蒙思想家卢梭成了死对头。他批评卢梭，但与此同时他又为卢梭说了很多好话，他认为卢梭很有才华。伏尔泰可以不同意卢梭的观点，但他要捍卫卢梭说话的权利，这叫精神自由。康德和伏尔泰都认为，启蒙最大的精神成果，就是让全体人民知道，社会上没有任何一个人、任何一种势力或者任何一个政党有资格告诉人民应该怎么思想。而自由的另一层意思是，运用人自己的理智是人的一个天性。社会要顺应人的这种天性。启蒙首先要解决的，不是人的思考能力而是思考的胆量问题。

伏尔泰在《路易十四时代》里确立了批判专制主义和宗教愚昧的启蒙精神，也成为他人生岁月中的实践目标，包括他加入"百科全书派"、成为"卡拉的恩人"、争取宗教宽容、"消灭败类"的斗争等。令人钦佩的是伏尔泰在年龄逐渐增高，精力不济时，担心自己在启蒙运动中的作用和影响将不断减弱，便积极敦促与他志同道合的年轻朋友们，要更加积极、更加努力地去工作。例如，他指责"百科全书派"哲人达兰贝尔没有采取公开的立场反对败类，而仅仅是默默地对它表示轻蔑，作为启蒙思想家，达兰贝尔应该为此感到惭愧。伏尔泰对才华出众、敢作敢为的年轻哲学家爱尔维修则比较赏识。爱尔维修与达兰贝尔不同，在反对败类的斗争中非常积极热情，没有瞻前顾后的犹疑和胆怯，在出版宣传自由思想的《论精神》一书时，大胆地署上了自己的名字，表现出巨大的魄力和勇气。此外，在大力宣传启蒙思想的时候，伏尔泰一方面主张启蒙宣传运动要赢得群众的支持，必须使所有的宣传品简单明了，让大多数普通人能够理解。他希望哲学家们写的东西要通俗一些，尽可能地影响到普通百姓。1766年，他在《无知的哲学家》中写道，少数人满意的东西，对大多数人是毫无用处的。另一方面，他又认为，在衡量启蒙运动的成效时，算数的不是群众而是文人和那些进行统治的人。他甚至还提出，启蒙运动是针对社会特权阶层而言的，他不希望把这种思想解放运动波及仆人和普通劳动者。需要启蒙的不是体力劳动者，而是头脑简单的资产阶级和城市居民。伏尔泰作为资产阶级的启蒙思想家，在启蒙运动的初期，对普通劳动者还不是十分信任。1760年伏尔泰在定居费尔内之后，改变了对人民群众的态度。面对着落后的农村经济，他对农民所遭受的残酷剥削和压迫深感忧虑，对费尔内居民的悲惨处境深表同情。伏尔泰因此积极从事慈善事业，出资帮助农民开垦耕地，建立学校。1775年伏尔泰还利用自己的威望和锋利的笔触书写文章与法国当局达成一项减轻农民负担的协议：费尔内所在的日克司地区每年只需向法国政府缴一次数目不高的赋税。在签订协议的庆祝仪式上，伏尔泰发表了激情洋溢的讲话，热烈赞美自由、平等。他向欢呼的群众行礼，高喊"自由万岁"。激动的人民也高呼："君主万岁！伏尔泰万岁！"可以说，伏尔泰用他一生践行启蒙运动抗争精神的活动证明了他作为法国启蒙运动的领袖和导师是当之无愧的！

第 7 章

《风俗论》：别具一格的人类智慧史

启蒙主义历史观的正式形成

1756 年，伏尔泰完成了他一生中另外一部重要的历史著作《试论各民族的精神与风俗以及自查理曼至路易十三的历史》（简称《风俗论》），它被称为《路易十四时代》的姊妹篇。《风俗论》构思、动笔于西雷隐居时期。伏尔泰最初的写作动机是为夏特莱侯爵夫人爱米莉学习历史准备一本通俗有趣的教材。爱米莉对自然科学和哲学颇感兴趣，但对历史却兴味索然。伏尔泰为了使她相信，历史也能够像自然科学一样使人感兴趣，便亲自动手为她写一部通史。1739 年，写出部分初稿，40 年代在《法兰西信使报》上陆续刊出过。

爱米莉死后，伏尔泰已没有信心继续写下去。在普鲁士王朝任职的时候，内奥尔以《通史概要》为题盗印了伏尔泰的手稿，这个版本错误百出，还增加了其他人写的一些反王权的段落，伏尔泰气愤地称它为"讨厌的版本"。由于这一事件的刺激，他开始觉得应该在适当的时间将这部尚未完成的著作接着写下去，应该给世人留下一部真实而完整的历史著作。1756年，他终于完成《风俗论》的写作，并在日内瓦公开出版。此后，他仍不断审阅、不断修改完善，甚至在他去世那年，还对该书有所增补。1739年的初稿《通史》仅仅是这部皇皇巨著的序言。1763年，他补充了《路易十四时代》和其他涉及最近事件的一些章节，以修订本发表，这些补充的部分后来独立成书，称为《路易十五时代概要》。1765年，他完成了《历史哲学》一书。1769年《历史哲学》代替《通史》成为《风俗论》的导论。

伏尔泰说过："我写历史更多的是写一个伟大的时代，而不是一个伟大的国王……应当成为最能为人类增光的那个时代的人类智慧史。"《路易十四时代》虽然也显示了这种努力，但是它未完全离开它的主角路易十四，而且也过分强调了路易十四个人的成就。在《风俗论》的写作中，伏尔泰的指导思想越来越明确，他的启蒙主义的历史观也正式形成。他指出："我的主要想法是尽可能地了解各民族的风俗和研究人类的精神。我把历代国王继承的顺序视为撰写历史的指导线索而不是目的。"欧洲的历史，尤其是中世纪欧洲的历史，从某种意义上说，是宗教思想统治人们精神生活的兴衰史，是教权与王权既相互利用又彼此斗争的历史。宗教问题渗透到政治、军事、财政、贸易、哲学、文艺、科学等各个领域，又是许多历史事件的重要起因。《风俗论》以此为重点旁及文化风俗等各方面进行深入阐述，指出了人类从愚昧进步到文明的艰辛历程，从而揭示出人类必然走向理性时代的美好前景。

过去的世界古代史主要涉及希腊、罗马和犹太，其余民族很少提及。伏尔泰扩大了欧洲人写历史的时间和空间，摆脱了前辈狭隘的民族偏见。他在《风俗论》中不仅赞扬了英国的君主立宪制和哲学精神、荷兰与瑞士的艺术和公民自由权，歌颂了开明君主普鲁士的弗里德里希和俄国沙皇彼得大帝，而且还用相当大的篇幅介绍了除犹太人外的非西方民族，尤其在介绍中国时往往表现出极大的热情和赞美。他的思想深度和对世界文明史的认识，已远远超过他的前人或同时代的重要史学家。《风俗论》虽是为夏特莱侯爵夫人学习历史而写的，但伏尔泰也是有感而发。当时法国不少史书，特别是博絮埃的《世界史讲话》，按教会和国王的利益编造历史，把一切历史事件归为神的意志的结果。伏尔泰把这些历史著作斥之为"撒谎的作品"。但他不屑于以笔战来驳斥这些著作，而是想以撰写《风俗论》这部纪念碑式的鸿篇巨制来取代它们。果然，1756年《风俗论》初版便印刷了六千部，这在当时的历史著作中是空前巨大的印数。《风俗论》用大量事实揭露教廷的黑暗和腐朽，反对宗教狂热、宗教迫害和教派斗争，并以犀利的文笔、磅礴的气势，上下数千年，纵横几大洲，向人们展示了世界各重要民族的精神和风俗的宏伟画卷。伏尔泰不仅把《风俗论》写成了一部社会历史，而且还对历史的经济因素作出了详尽的分析。同时，他还开始把历史著作用于倡导宽容精神和消灭败类的思想启蒙宣传运动。枯燥无味的历史，在文学和启蒙思想大师伏尔泰的笔下有了生气，有了思想，有了灵魂，有了非凡的感染力和号召力。《风俗论》作为伏尔泰根据自己的思想精心撰写的一部划时代的"人类智慧史"，成为他宣传启蒙思想的重要作品之一。

人类文化的精神史

《风俗论》是一部历史作品，也可以看作伏尔泰的一部文学作品。他在其中挥洒自如，没有丝毫的拘谨和做作。他时而严肃，时而荒诞，又时而讥讽。他通过鸡零狗碎的琐事来论证重大主题，或者反其道而行之。他思想的广博是圣西门所不具备的，他的经验也更加丰富，他涉猎的范围也远远超过蒙田。阅读《风俗论》，就相当于阅读一个人类历史上最睿智、最有活力的人用长达半个世纪的时间进行思索以后说出的"话"，涉猎人类文化所有领域或者几乎所有领域的冗长的"话"，对于读者确实是一种节日般的快乐。

在《风俗论》中，伏尔泰用历史学家的目光纵览了漫长岁月中的人类社会生活。他在《路易十四时代》和《风俗论》两部耗费了长达二十几年时间的作品中，也无法克制自己的情感。他笔下的历史很像他的短篇小说，里面充满了永恒的盛衰兴替。他的审美取向有时会把历史变成一场吃人肉者的混战，有时还会将之变成一场小丑的表演。让他决心研究历史的一个原因，就是波舒哀的演讲引起他的愤慨。波舒哀是法国高级教士、作家、演说家，法兰西学院院士。波舒哀在演说中用浮夸、华丽的辞藻写历史，伏尔泰幽默地指出波舒哀的语气就像在给整个人类念悼词。伏尔泰也和波舒哀一样，相信上帝，但他不相信人类可以从自己的变迁当中识别上帝的意图，而且，他甚至不认为人类的主宰会很在意我们这些区区昆虫般的人类。伏尔泰笔下的历史如同伏尔泰其人，总是从一个事件跳到另一个事件，看上去毫无"意义"，却无时无刻不在证明人类的脆弱。世界历史从来都是一些历史学家的主观思想主宰一切的诗篇，但伏尔泰笔下的历史像是一种由性情中人观察到的人性。

事实上，这也是一种由理性所观察到的人性。在历史的边缘，伏尔泰还创作了很多虚构的文学作品，悲剧、短篇小说、闹剧，这一切都是他性情的发泄。然而，在他的历史作品中，伏尔泰尽量客观地谈论自己所憎恶的人，他甚至还替修道士说了几句公道话。人们可以轻而易举地在有关篇章中读到《基督教箴言》式的评论，他称修道院是"所有逃避哥特和日耳曼政府迫害者的避难所"，是"人类的一种慰藉"，修道院在罗马帝国崩溃以后还保留着些许基督教的知识，说它们可以用自己的榜样"减轻这个残暴时代的野蛮性"。伏尔泰承认，在他所处的时代，他所能做的，并不比一个年轻的修女更多，不比一个献身于救助贫困和疾病缠身的人更多。伏尔泰真实而坦诚的态度成就了《风俗论》这一部充满理性的作品。《风俗论》和《路易十四时代》相比，后者的创作是建立在翔实资料的基础之上的，而《风俗论》则是对二手资料的整合。当然，无论是前者还是后者，伏尔泰都理智地剔除了那些不可能存在的神奇与美妙，只要没有资料证明，他就会拒绝承认超人的英雄主义和超出人类可能的恶毒。因此，在这部历史作品的写作中，伏尔泰便如鱼得水了，因为他不需要杜撰，而是要摧毁别人的杜撰。在《风俗论》中，丝毫没有对人物肖像的描写，没有像传统的做法那样，模仿、编造历史人物的演讲，也没有抽象的描写。

可见，"写史实"是伏尔泰的座右铭。他对历史的叙述颇似莫泊桑小说的写法：没有一点心理分析，具体细节就能够说明一切。由于伏尔泰历史研究的目标是文化，因此，他对抽象的拒绝就显得更加难能可贵。一部世界历史的作者，如果对研究目标不作出明确的选择，就会淹没在细节的海洋里。伏尔泰写的是人类的文化史，可是，究竟什么是文化？伏尔泰明确写道：在他那个时代，文化，首先是一种被称为"奢侈"的东西。巴尔扎克在1830年前后就通过把"烟筒"写进小说而搞了一场革命，这些烟筒此前就曾经进入伏尔泰的历史作品中。伏尔泰向古希腊神话中司职历史与诗歌的女神克利俄提出过下面这些不恰当的问题：人们怎么取暖？他们住在什么样的房子里？他们的衬衫是什么原料制成的？他们的盘子里盛的都是什么食品……人们会说，这都是些何等唯物主义的问题啊！一个思想如此肤浅的历史学家心里只想着自己的舒适。可是，在伏尔泰看来，人类生活就是由这些七零八碎的琐事构成的。因此，他深信，是精神在指引大众，深信人类文明的历史只能是人类精神的历史。但是，只能通过人类的具体活动来认识这种精神。同时，伏尔泰坚信每一个历史时刻都是唯一的，同样的原因从来不会出现两次，或者说，不会产生同样的后果。所以，作为一个真正的哲学家，伏尔泰在《风俗论》中用"时代精神"解读历史，他说："是时代精神在指导世界上发生的重大事件。"

中国文化的赞美者

在《风俗论》之前的世界古代史只谈希腊、罗马和犹太，其余民族很少提及。《风俗论》却用相当大的篇幅，而且以称赞的口吻谈到除犹太人外的非西方的民族，尤其是在介绍中国时更表现出极大的热情，认为中国在政治、法律、文化、伦理、道德、宗教各方面均优于西方国家。伏尔泰是通过来华布道的传教士所写的书籍和信件来了解中国的，这些材料不免有失实或溢美之处，但伏尔泰以中国这一楷模来批判西方的封建制度，这是与启蒙运动的要求相一致的。伏尔泰对中国的古代文明作过深入的研究，他熟悉中国的文明史，对古代中国的政治、法律、军事、宗教、经济、文化、教育、科学、人口、城市、地理概貌及风俗习惯等，都有较为详细的了解。他在其卷帙浩繁的历史和哲学著作中都把中国放在极为重要的地位来进行介绍和论述。在作为《风俗论》导论的《历史哲学》中，他用了整整一章来介绍中国的悠久历史、可信的历史记载和古老的文明。在《风俗论》

中，他又用开头的两章来赞扬中国的文明，介绍古代中国的辉煌成就。伏尔泰在《无知的哲学家》《中国通信》《哲学辞典》《咏自然法则》等其他一些著作中也多次论述到中国的思想文化和古代文明。他崇拜中国文明，但又能客观地评价和看待中国的思想文化。他认为中国人在哲学和文学方面，大约领先于欧洲两百年，中国人在伦理道德和治国理政上属于世界一流水平，但由于两千多年来的故步自封、停滞不前，所以在科学发展上又远远落到了欧洲的后面。

伏尔泰认为以哲学家的身份去了解这个世界时，首先应把目光朝向东方，东方是一切艺术的摇篮，东方给了西方一切。因为东方的气候与法国南部接近，可以从大自然取得一切东西；而在西方的北部，一切要靠天时，靠贸易，靠晚近兴起的工业。他认为在中华帝国、印度帝国之前很久就曾经有过一些有文化的、文明而强盛的国家，因此他乐于研究古老的东方文明，特别是古代中国的历史、军事、法律、风俗和科学。

伏尔泰对中国的思想文化有着深挚的爱好，对中国的政治和教育思想有较深的研究，他曾经认真阅读过译出的儒家经典，认为儒家的学说符合人文主义的精神，孔夫子只诉诸道德，而不宣扬神迹，很值得西方人借鉴。他把中国的哲学和伦理道德作为启蒙运动的有力武器。除了在《风俗论》中宣扬中国的传统道德，伏尔泰还创作了一部别具一格的悲剧《中国孤儿》，他还给其加上了一个含意深刻的副标题——"五幕孔子伦理学"。这个剧本以我国元朝剧作家纪君祥所作的元曲《赵氏孤儿》为蓝本。原作叙述的是春秋战国时期，晋国权臣屠岸贾残杀赵盾一家，并搜捕孤儿赵武，妄图斩草除根。可是，赵家门客程婴与公孙杵臼设计救出赵武，由程婴抚养成人，最后报仇雪冤。伏尔泰按照古典主义的三一律原则，把该剧时间跨度由二十多年缩短为一昼夜，删除了原作中的弄权、作难、搜孤、除奸、报仇等情节，加上一些爱情穿插，改编成了一部标准的古典主义悲剧。我国元曲《赵氏孤儿》传入法国约在 1732 年至 1733 年间，这是传入法国的第一个中国剧目，就 18 世纪的整个欧洲来说，它也是独一无二的。伏尔泰最先是从巴黎的《法兰西信使报》上看到有关剧情介绍的，后来他又在法文对折本四厚册的《中国通志》里读到《赵氏孤儿》的译文。伏尔泰当时就被这个具有浓郁中国民族风格的戏剧所吸引了，他决定将它改编成新剧目。

伏尔泰完成的《中国孤儿》，将故事背景从公元前 5 世纪的春秋战国时期，后移到 13 世纪的宋末元初，将诸侯国家内部的文武不和改编成为两大民族之间的文明与野蛮之战。其大致情节为：成吉思汗率领鞑靼大军灭金以后，侵入中国北部，并占领了黄河以北地区。当他以征服者的身份回到北京时，他惊讶地发现自己以前钟情的女人依达姆嫁给了一个达官贵人盛悌，正是这位盛悌曾冒死从入侵者手中救出了王室最小的儿子，使大宋王朝保住了一根独苗。成吉思汗嫉恨不已，他胁迫依达姆作出选择，要么与丈夫离婚嫁给他，要么和她的丈夫还有那个孤儿一起被杀死。依达姆和盛悌宁死不屈，并准备以自杀表明决心。后来成吉思汗终于发了慈悲，释放了他们和那个孤儿。伏尔泰在这部悲剧中大力宣传了中国文化和儒家的伦理道德观。在剧中第四幕第四场，依达姆说："我们的国朝是建立在父权上，伦常的忠信上，正义上，荣誉上和守约的信义上，换一句话说，孝悌忠信礼义廉耻就是我国立国的大本。我们大宋朝虽已被推翻，可是中华民族的精神是永不会灭亡的。"在剧末，成吉思汗对依达姆说："你把大宋的法律、风俗、正义和真理都在你一个人身上完全表现出来了。你可以把这些宝贵的教训讲给我的人民听，现在打了败仗的人民来统治打胜仗的君主了。忠勇双全的人是值得人类尊敬的，我要以身作则，从今起我要改用你们的法律。"大宋王朝虽已灭亡，但是征服者融化在被征服者的文化和道德中。这正是伏尔泰所极端推崇的中国文明的伟大业绩。

1755 年 8 月，《中国孤儿》在枫丹白露首次公演，获得了广泛的好评。伏尔泰虽然对中国的戏剧艺术传统理解不深，只能按照欧洲的古典主义法则来衡量与改造中国艺术；

但是，他敢于大胆地把中国的历史故事搬上法国舞台，这在中法文化交流史上，无疑是前所未有的一项创举。剧本改编的成功，不仅给伏尔泰带来了极大的声誉，而且也激发了英、法等欧洲国家的知识分子对中国的思想文化、文学艺术的兴趣。17世纪开始，大批欧洲耶稣会传教士来到中国，他们除传教布道之外，还广泛研究和了解中国思想、文化、政治制度和社会风貌，他们利用自己的书信和翻译的中国作品，向欧洲人展示了一幅陌生而富有魅力的画卷，为他们打开了了解中国的窗口。由于与中国有关的一些书籍在欧洲流行，很快引起了学术界对中国的重视，掀起了研究中国的热潮。

伏尔泰真诚地了解中国、研究中国，赞美中国文化，但他对中国的了解也有一些是错误的，有时他甚至是故意曲解中国的历史和现状，但他这样做的目的是借东方的伦理观来表达他自己的启蒙理想。伏尔泰正是由于研究了中国和东方各国的文明，比较了各国的社会制度和文化状况，开阔了视野，才逐步形成了自己进步的政治思想。孔子及儒家关于伦理道德和注重教育的学说，在思想精神上大大鼓舞了以追求理性和智慧、反对愚昧与盲从为宗旨的启蒙运动。伏尔泰也正是从这些优秀的中国思想文化中找到了反对法国专制政体和封建教会的斗争武器。

第 8 章

全力呵护《百科全书》的编撰事业

与"百科全书派"的接触

《百科全书》最初是由狄德罗和达兰贝尔联袂主编的。它卷帙浩繁，图文并茂，几乎囊括了 18 世纪中叶以前欧洲人所取得的全部科学成果。它立足于当时哲学和自然科学的最高水平上，对各个领域的学术和技术作了一次全面总结。它在 18 世纪法国资产阶级思想体系的发展和宣传史上，占有极为重要的地位。

《百科全书》的问世及其不断编辑出版，与伏尔泰的巨大努力是分不开的。百科全书派的领袖们很早开始就得到过伏尔泰的鼓励和帮助。1749 年 6 月，伏尔泰在巴黎意外地收到了一位法国作家的信和礼物。这个人就是后来《百科全书》的主编，当时年仅35岁的德尼·狄德罗。狄德罗出身于一个制刀剪的富有作坊主家庭，受过良好教育，只因不满意父亲为他安排的职业而与家庭断绝了经济来往，只身在巴黎过着贫困生活。伏尔泰在无意之中把这位年轻人引上了革命的道路。一天，无所事事的狄德罗带着情人巴布蒂小姐从咖啡馆悠闲地走出来，他们一路溜达来到了繁华的奥古斯坦码头街。不名一文的狄德罗不敢带自己的情人逛商店，正好路边有家书店的门开着，他拉着巴布蒂小姐钻了进去。在琳琅满目的书架边，他随手取下一本书——伏尔泰的《哲学通信》埋头翻阅起来。他一下子被书中的内容深深吸引住了，忘记了时间，忘记了身边的女郎，忘记了吃饭，他一口气看了两个多小时。英格兰自由的天空，清新的思想和文化，理智、刚毅的民族精神都令他神往不已，他从此记住了伏尔泰的名字。在伏尔泰思想的启发下，狄德罗成了一名反封建、反宗教的英勇战士，他追随伏尔泰也开始了启蒙思想的宣传。不久，他完成了《哲学思想录》和《怀疑论者的漫步》两部著作。他此次送给伏尔泰的礼物是自己的新作《供明眼人参考的谈盲人的信》，这部著作以唯物主义观点讨论了认识的来源和范围问题。伏尔泰赞赏这位年轻人的才华和思想，他给狄德罗写了一封热情的回信，称赞这本书坦率而深刻，表示同意作者的基本观点，但对作者的无神论也提出了质疑。伏尔泰还邀请这位青年哲学家来看他，共进一顿"哲学的便餐"。狄德罗对德高望重的伏尔泰更加由衷的敬佩，从此，他开始更加密切地与伏尔泰联系。在伏尔泰收到狄德罗的信和礼物三个月之后，狄德罗因《供明眼人参考的谈盲人的信》遭逮捕，囚禁于文森监狱。伏尔泰得知消息后，立即设法进行营救和帮助。文森监狱的管理员是夏特莱侯爵的亲戚，伏尔泰让爱米莉给那位亲戚写信，请他想办法多多关照狄德罗，尽量不要让哲学家吃亏受苦。伏尔泰还亲自给让塔尔写信，请求他为狄德罗疏通，尽可能让他早日获释。

伏尔泰与另一位百科全书派的代表人物达兰贝尔联系得更早。达兰贝尔是欧洲知名的数学家，在哲学、文学、历史、音乐等方面也有很深的造诣。他曾将自己的《关于风的一般起因的思考》一书寄赠给伏尔泰，伏尔泰对他十分赏识，曾称他为当代第一位作家。爱米莉死后，伏尔泰在巴黎常去德芳夫人的沙龙和圣奥诺莱大街达兰贝尔的住所，因而与达兰贝尔交往密切。当时达兰贝尔已和狄德罗着手编纂《百科全书》的工作。《百科全书》的编纂其实也是一次偶然的机遇引起的。1728 年，英国作家钱伯斯出版了一部《艺术与科学大辞典》。1745 年，旅居巴黎的英国商人米尔斯灵机一动，想将它译成法文，在法国推销牟利，于是将要出版的书定名为《艺术与科学万能百科全书辞典》。但是，他所雇请的译者交来的却不是译稿，而是一大堆杂乱无章的读书笔记，预订者获悉后纷纷要求退货。米尔斯又急又气，慌忙之中找到狄德罗，希望他能为自己解危。1749年10月21日，狄德罗在多方的帮助下，终于从文森监狱获释。出狱后，他正式开始了米尔斯委托的工作。他意识到仅凭自己个人的能力不可能完成这样工程巨大的工作，于是找来达兰贝尔合作。他和达兰贝尔认为翻译钱伯斯已经过时的辞典没有实际的意义，他们准备移花接木，把它搞成一部自己编写的、具有现实参考价值的《百科全书》。编纂原则确定下来之后，他们便着手进行分配词条的工作。这一工作得到了当时许多知名人士的支持，卢梭、伏尔泰、马尔蒙代夫、霍尔巴赫、拉美特利、爱尔维修、孔多塞、孟德斯鸠等都先后加入了编写词条的队伍。伏尔泰向达兰贝尔表示，他将全力支持《百科全书》的事业。伏尔泰敏锐地感觉到"这项事业将是法国的光荣和它的非难者的耻辱"。狄德罗和达兰贝尔正在建造一座不朽的大厦，而他本人将不遗余力地给他们添砖加瓦。由于囊括了当时所有著名的哲学家，因而这些人当时被称为"哲人党"，后来他们又被称为"百科全书派"。百科全书派的形成，标志着伏尔泰等人单枪匹马地与旧制度战斗的时期从此结束。

1751 年 6 月，狄德罗和达兰贝尔克服重重困难，终于将《百科全书》第 1 卷（**A** 字条目）编纂完毕，并在巴黎出版。尽管他们在编纂中小心从事，尽量避免当局找麻烦，但是贝蒂埃神父控制的耶稣会机关报《特雷沃报》从一开始就与哲人党过不去，千方百计找碴儿，破坏《百科全书》的出版。1752 年 1 月，《百科全书》第 2 卷（**B、C** 字条目）出版，这时反对派终于找到了攻击的口实，他们抓住普拉德神父事件大做文章，《百科全书》的继续出版面临严重困难。普拉德神父是为《百科全书》积极撰稿的神学家之一，他写的"确实性"条目曾经引起很大的轰动。他曾在圣絮尔皮斯神学院学习，在学习神学的同时，他也受到英国经验论者及其法国继承人的影响。1751 年 11 月 18 日，他向索尔邦学院提交了自己用法文和拉丁文写的博士论文《天国的耶路撒冷》。这一长篇论文并没有明确表明他想抵制宗教，恰恰相反，他在这里还想证实圣约的可靠性。但是索尔邦学院的一些卫道士仍不满意，因为他阐述了社会的自然状态思想，并追逐洛克，否认天赋观念。这些观点恰恰很接近百科全书派的启蒙思想家的观点，他的博士论文中有很长的几段甚至与达兰贝尔为《百科全书》写的序言非常相同。因而，他的论文不仅得不到通过，还遭到查禁。1752 年 1 月底，巴黎大主教下令将这篇宣传"异端邪说"的论文烧毁。普拉德神父被索尔邦学院除名，失去了职位，又遭通缉，他只好匆忙逃往国外避难。耶稣会士和冉森派教徒在对普拉德神父进行打击迫害的同时，又借机把攻击的矛头指向百科全书派，他们对狄德罗、孟德斯鸠和布封等启蒙思想家口诛笔伐，到处散布谣言，说普拉德的博士论文出自狄德罗的手笔，连篇累牍地发表诽谤狄德罗的文章和小册子。在他们的横加干涉下，已出版两卷的《百科全书》被当局查禁。

《百科全书》所面临的困难，引起了伏尔泰的同情和不安。他虽与这部巨著的前两卷没有直接的关系，但是他佩服狄德罗和达兰贝尔的非凡胆识，对他们两年多来卓有成效的工作非常满意，他曾在自己刚刚完成的《路易十四时代》中称他们主编的《百科全书》是"巨大而不朽的著作"。身陷困境的《百科全书》主编没有忘记这位享有很高声誉的前辈的支持。当普拉德神父被逼得走投无路之时，达兰贝尔给尚在普鲁士任职的伏尔泰写了一封紧急求援信，希望他能为这位遭受厄运的神父找到暂时的栖身之地。伏尔泰饱受亡命之苦，深知普拉德神父处境的艰难，他当即凭自己与普王的友好关系为神父争取到了御前侍读的职位。通过普拉德神父事件，伏尔泰与百科全书派的关系进一步密切起来，他也开始更多地考虑《百科全书》的前途。他认为《百科全书》事业不能半途而废，既然在法国遭到查禁，就应该重新寻找战斗的阵地。他准备邀请达兰贝尔和狄德罗到柏林继续编辑出版《百科全书》，他认为，在普鲁士的宫廷，可以避免狂热的宗教卫道士和嫉妒成性的文人的骚扰和迫害。但是，由于普鲁士缺少从事这项事业的基本条件，狄德罗又不愿向反对派低头，拒绝出国，伏尔泰只能放弃这一念头。

狄德罗和达兰贝尔留在巴黎，并没有停下手中的工作，《百科全书》已成为他们生命的一部分，他们不顾当局的禁令，继续编辑出版新的《百科全书》。1753 年 8 月至 1757年 10 月，《百科全书》已经出版到了第 7 卷。伏尔泰仍然一如既往地支持着《百科全书》的事业，他一方面尽快完成自己承担的一系列条目的撰写，另一方面，积极为《百科全书》的编辑出版出谋划策，他和达兰贝尔在这个时期的通信中几乎全都是谈的《百科全书》的问题。随着《百科全书》的陆续出版，百科全书派在社会上的影响和知名度越来越高，巴黎当局也不得不重新考虑自己的立场。1756 年 1 月21 日，由于多方面的努力，在同情百科全书派的蓬巴杜夫人的帮助下，国王颁布了允许《百科全书》继续出版的特许诏书。尽管诏书要求《百科全书》出版前必须通过检查机构的严格审查，但百科全书派总算赢得了一个回合的胜利。

百科全书派分裂

正当《百科全书》的事业峰回路转，刚刚步入柳暗花明之境的时候，《百科全书》第7卷中的一个条目却引起了百科全书派的内讧。达兰贝尔承担了《百科全书》"日内瓦"条目的撰写任务。为了写好这一条目，1756年8月，他亲自到洛桑拜访伏尔泰，听取这位德高望重的前辈对日内瓦的看法。伏尔泰有目的地、夸张地描绘了日内瓦的宽容风气和新教牧师的理性主义态度，达兰贝尔把这些看法写入了"日内瓦"条目中。1757年，《百科全书》第7卷一出版，立即引起日内瓦当局、法国当局和百科全书派内部对这一条目的强烈反对。通常，列入《百科全书》的地理条目一般只占一栏，而"日内瓦"条目却占有四栏之多。达兰贝尔极力赞扬日内瓦，使人怀疑他可能是别有用心，即是想通过吹捧日内瓦而贬低巴黎，以此批评巴黎的时政。大概是应伏尔泰的要求，达兰贝尔还在条目中批评了日内瓦的文化生活。日内瓦由于历史的原因，不设剧院，不准演戏，这使戏迷伏尔泰不能忍受。达兰贝尔在他撰写的条目中认为，日内瓦没有剧院，并不是那里的人们不喜欢舞台演出，而是害怕演员的生活习惯对年轻人产生不良的影响，他建议设立剧院和剧团，并通过法律来防止出现那里的人们所担心的后果。达兰贝尔还断言，日内瓦的一些牧师是完美的索齐尼主义者，他们反对一切属于神秘的东西，相信真正宗教的第一原则是不提出与理性相对抗的信仰。

伏尔泰认为，这一条目高度赞扬了日内瓦的宽容。但是日内瓦的部长们认为他们受到了诽谤，议会专门召开会议，考虑要向法国政府提出正式抗议，牧师协会则指定一个委员会郑重起草一份抗议声明。日内瓦掀起了一个反对百科全书派的浪潮，报刊上也经常出现一些讽刺诗，指责狄德罗、达兰贝尔和伏尔泰。伏尔泰忍无可忍，被迫奋起反抗，用他的诗抨击日内瓦的狂热分子。达兰贝尔厌恶"日内瓦"条目引起的激烈争吵，毅然放弃了《百科全书》的职务。另一百科全书派的主将卢梭也对达兰贝尔的"日内瓦"条目不满。他收到《百科全书》第7卷后，称达兰贝尔的文章写得巧妙而又有艺术，但是他抓住达兰贝尔要在日内瓦建立剧院的主张大做文章。他于1758年10月20日写了一封信，这就是后来称为《致达兰贝尔论戏剧的信》。在这封信里，他严厉指责戏剧对社会和个人都会产生不良影响，他认为，戏剧是贵族专有的东西，是封建社会不平等的象征，被资产阶级所痛恨。他把自己看作资产阶级和中产阶级的代言人，强烈指责伏尔泰在日内瓦极力推广戏剧是为贵族服务，是用巴黎上流社会腐朽而糜烂的东西，来腐蚀自由平等的日内瓦共和国。卢梭在信中还对戏剧大加批评，他说：戏剧像演员的行为一样是不道德的，剧院给人们提供了逃避现实的场所，败坏了社会道德；喜剧会给日内瓦人带来可怕的混乱，甚至还会成为党派斗争和报私仇的工具。面对卢梭的责难，伏尔泰愤然称其为疯子和玩世不恭者。他严肃地告诉卢梭，一个哲学家首先应该反对当时在欧洲政治舞台上最为壮观的戏剧表演——七年战争，反对军事屠杀，而不该把自己的纸和笔用于在日内瓦的戏剧问题上反对自己的朋友。狄德罗和达兰贝尔对卢梭的无理指责也进行了有力的回击，百科全书派内部的分裂已不可避免，卢梭毅然断绝了与百科全书派的关系。

卢梭与伏尔泰的矛盾来源于他们二者哲学思想的分野。让－雅克·卢梭是日内瓦一名重要的哲学家、作家和启蒙运动时期思想家，其政治哲学影响了法国大革命。卢梭也在其去世六年后的1794年被重新葬于巴黎先贤祠其他法国民族英雄墓旁。伏尔泰出身于贵族家庭，凭着自己获得的社会荣誉在后半生过着富翁般的日子，但他却是一位贵族叛逆，反封建斗士。卢梭出生在一个与巴黎氛围截然不同的"道德共和国"——加尔文教的日内瓦。热衷戏剧的伏尔泰不能忍受禁止戏剧演出的日内瓦，他把原因归结为宗教狂热的荒唐。而卢梭却认为这个袖珍型的道德共和国是他的精神家园。我国著名的学者朱学勤归纳了这块乐土的特征：政教合一的社会结构；清教倾向的政治模式；整齐划一的道德风尚；舆论一律的良心监察。朱学勤认为，伏尔泰与卢梭政治思潮的分野首先是两种历史观的分野。伏尔泰向着历史数轴的正极方向发展。与这一取向相连的是亚里士多德的古典经验论、希腊晚期伊壁鸠鲁的顺应论、中世纪经院哲学的唯名论和英国培根、洛克的近代经验论。伏尔泰的历史进步图式是拒绝讨论历史的起源问题。伏尔泰明确断言："只要我们考察一个最根本的原理，就必须求助于神。"达兰贝尔在《哲学的原义》中说："哲学家满足于揭示人在社会中的位置，引导人们到达这一位置。留给传教士的，则是把人再次拖到祭坛的脚下。"伏尔泰正是把神从历史中赶了出来，代之以理性的进步，由此得到了普希金的赞誉："他把哲学的明灯放进了黑暗的历史档案库。"而卢梭则相反，他是另一传统的产儿。与那一传统相连的是柏拉图的古典先验论、古希腊晚期的斯多葛自由契约论、中世纪经院哲学的唯实论和法国帕斯卡、笛卡儿的近代先验论。这一线上的人们对历史多取怀疑主义的价值追问。卢梭不喜欢伏尔泰那盏明灯的浅薄光线，宁肯吹灭这盏明灯，在黑暗中摸索神意、摸索起源。也正是因此，1755 年，卢梭写出了一部重要著作《论人类不平等的起源和基础》，在书中卢梭看到了社会和人类天性的根本性分歧，他认为在自然状态（**自然状态是在文明**

和社会出现以前只有人类和其他动物存在的状态）下的人是无辜善良的，但这种状态被地质运动毁坏了，最终导致了社会的形成。然而伏尔泰却不认同这种观点。卢梭的这部著作出版后就送去给伏尔泰阅读。伏尔泰以前曾读过卢梭的《论科学和艺术的复兴是否促进了风俗的淳化》一文，这是在第戎科学院关于"科学和艺术的重建是否对道德的纯洁有所贡献"的有奖征文中获奖的文章。伏尔泰当时就指责第戎科学院提出的题目是学童的作文题，他没有直接批评卢梭对这一问题的否定，但是他认为如果因社会存在弊端而否定社会发展与进步，就如同人们因消化不良而不吃东西一样荒诞可笑。伏尔泰是坚定的反保守的人物，他不屈服时尚的原始主义或尚古主义，毫不含糊地坚持非自然状态的社会组织、科学进步以及艺术日趋精致优雅的原则，攻击广泛被人接受的自然状态的神话。收到卢梭的赠书后，伏尔泰并没有对《论人类不平等的起源和基础》发表评论，而是借机给卢梭回了一封信，反驳其在第戎征文中的原始主义观点。他说，他不喜欢像动物那样用四条腿走路或像印第安人那样生活，因为不开化的印第安人像文明的欧洲人一样邪恶。他半开玩笑地对卢梭说，文学所附着的蒺藜实际上是与地球上到处泛滥的罪恶相伴的花朵，大的罪恶却是著名的无知之徒所犯下的。收到伏尔泰攻击性的观点后，卢梭也于1756年8月18日致伏尔泰一封绝交信，他写道："形而上学的种种精妙都不能动摇我对灵魂不朽和天意公道的信仰，哪怕是一时一刻的动摇。我感觉到它，我需要它，我为它祈祷，我将为它护卫至我生命的最后一刻。"

定居日内瓦

在达兰贝尔、卢梭先后退出《百科全书》的工作后，魁奈、杜尔哥、马尔蒙代夫和杜克洛也相继离开了哲人党的阵营。法国当局加紧了对百科全书派的迫害。1759 年 2 月 6日，御前咨议会和高等法院作出判决，下令公开烧毁伏尔泰的《咏自然法则》、爱尔维修的《论精神》等八本进步书籍，并委派神学家对已经出版的 7 卷《百科全书》进行重大修改。1759 年 3 月 6 日，咨议会又决定吊销《百科全书》的出版特许，指责它的作者们滥用国王的仁慈，说这类作品丝毫没有促进科学和艺术的发展，反而宣传"异端邪说"，有损道德和宗教。在《百科全书》面临内忧外患的时刻，伏尔泰强烈地感到自己的责任重大，他要挺身而出，竭尽全力保卫这一神圣的事业。他一方面给狄德罗写信，鼓励他要坚定地面对攻击和诽谤，一方面亲自写文章反击反动人士对《百科全书》的攻讦和诬蔑。他还试图动员《百科全书》的三千名赞助者向政府施加压力，逼其撤销对该书的禁令。为了《百科全书》的新生，伏尔泰作出了极大的努力。他说："当我身上还有生命的火花时，我是会为《百科全书》光荣的工作者们效劳的。如果我能够将自己的微末贡献投到这个最伟大、最美丽的民族和文化的纪念物中去，我将引以为自己崇高的荣耀。"

日内瓦当局和教会对《百科全书》的攻击，引起了伏尔泰的不安，他对日内瓦日渐抬头的宗教狂热有所警惕。为了长远打算，他决定在日内瓦—法国边境附近购置房产。颠沛流离了大半辈子的伏尔泰不希望晚年再流离失所，因此，尽管他觉得与其他国家相比，日内瓦的政治自由是有保障的，但是他也得防患于未然。1758 年 4 月，他开始和中间人谈判，打算在费尔内和图尔内购置两处房产。费尔内是位于莱蒙湖北岸的一个法国小镇，距日内瓦很近，居民不多。同年 12 月，他以德尼夫人的名义买下了费尔内整个一所庄园，并立即出资重建费尔内庄园，修建了一幢别墅，一个教堂，一所剧院。与此同时，他又买下了图尔内伯爵德布洛斯的领地。1758 年圣诞节，他正式成为图尔内的新主人，他立即在信中采用"图尔内"的头衔，表示他也是有了采邑的"贵族"。奔波劳碌了一生的伏尔泰，现在不仅有了安乐窝，而且还有了多处避难所。在瑞士有德利斯和洛桑，在法国有费尔内和图尔内。他兴高采烈地说，他感受到了在他这样的年龄能够享受到的最完满的幸福。他似乎有了四条腿，面对现实，他已可进退自如。

1760 年后，伏尔泰大部分时间都住在日内瓦，可以说伏尔泰人生发展的又一重要阶段是在费尔内时期。定居费尔内开始了伏尔泰崭新的生活篇章，他像冲锋陷阵的战士投身于火热的启蒙运动之中，用化名写作和印发了大量小册子，猛烈抨击天主教教会和新教的宗教迫害。伏尔泰在致力宣扬启蒙思想的时候，还积极参与日内瓦的政治斗争。日内瓦政府代表资产阶级，二十五人议会和两百人议会则倾向维护贵族的特权，大量没有政治权利的下层人民也意见不统一，有的人呼吁实行更大的民主，有的人则主张维持现状。对立的双方互相攻击，毫不妥协，矛盾空前激化。胸有城府、深谋远虑的伏尔泰，表面上采取不偏不倚的中立态度，以调停者身份从中斡旋，但他实际上暗中支持资产阶级，反对贵族，支持手工艺人获得公民权和选举权。他的费尔内别墅成了各派政治思想家聚会的场所，他利用这一有利的条件，大力宣传启蒙思想，倡导自由和平等，力主建立理想的政治体制。日内瓦许多政治斗争的武器和策略都是在这里酝酿出笼的。伏尔泰幕前幕后的积极活动引起了日内瓦当局的不安，他们不得不严正警告这位名望如日中天的老人，敦请他要自珍自爱，不要涉足与自己毫无关系的政治事务。日内瓦的政治斗争，给伏尔泰提供了集中思考政治问题的机会，他在这些年写出了他一生中最为激进的论著，除《哲学辞典》和《有四十金币的人》之外，1765 年还完成了《共和思想》，1768 年完成了《日内瓦内战》和《甲乙丙对话录》，1769 年完成了《巴黎高等法院史》，1770 年出版了《关于百科全书问题》。这些重要论著集中阐述了伏尔泰有关自由平等的主张和关于建立资产阶级国家政体的思考。他对人民群众的看法也逐渐客观起来。这些，标志着伏尔泰的思想开始转变并进一步成熟起来。

第 9 章

《赣第德》：“一部西洋来的《镜花缘》”

以苏格拉底作为精神的远祖

　　1753 年，柏林科学院宣布 1755 年该院悬赏征文的主题是：关于蒲伯和莱布尼茨的乐观主义。康德、孟德尔松、莱辛、维兰德等德国哲学家和诗人都纷纷撰文应征。伏尔泰也以此为主题写了《赣第德》(Candide)(《老实人》或《乐观主义》)，1759 年，他伪称该书译自德国拉尔夫博士的作品，予以公开发表。《赣第德》是伏尔泰哲理小说中最杰出、影响最大的一部中篇小说。在这部书中，他启蒙思想的特点表现得更加深刻有力。“赣第德”是书中主人公的名字。这个名字的意义是“老实人”。这部小说的主题思想是批判 17

世纪德国哲学家莱布尼茨的。莱布尼茨认为世界上的一切现实都是自然的安排，是完全协调的，因而也是尽善尽美的。赣第德的老师潘葛洛斯是莱布尼茨的信徒，可是他的学生却对此怀疑，认为这一切都是维护旧政权、旧社会、旧制度、旧礼教的欺骗人民的谎话。伏尔泰通过他创造的故事，辛辣地讽刺并揭露了这些旧政权、旧制度的腐败和不合理。我国现代著名的诗人、散文家徐志摩在1927年为中国的读者翻译了伏尔泰这部小说，其后也有翻译家、文艺评论家傅雷翻译过《赣第德》。徐志摩在他翻译的《赣第德》序言里这样评价伏尔泰及他的这部小说："《赣第德》是伏尔泰在三天内写成的一部奇书。伏尔泰是个法国人，他是18世纪最聪明的、最博学的、最放诞的、最古怪的、最臃肿的、最擅讽刺的、最会写文章的、最有势力的一个怪物。不知道伏尔泰，就好比读"二十四史"不看《史记》，不知道赣第德就好比读《史记》忘了看《项羽本纪》。……《赣第德》是值得花你们宝贵的光阴的，不容情的读者们，因为这是一部西洋来的《镜花缘》，这镜里照出的却不止是西洋人的丑态，我们也一样分得着体面。我敢说，尤其在今天，叭儿狗冒充狮子王的日子，满口仁义道德的日子，我想我们有借镜的必要。时代的尊容在这里面描着，也许足下自己的尊容比起旁人来也相差不远。你们看了千万不可生气，因为你们应该记得王尔德的话，他说 19 世纪对写实主义的厌恶是卡立朋（莎士比亚特制的一个丑鬼）在水里照见他自己尊容的发恼。我再不能多说话，更不敢说大话，因为我想起书里潘葛洛斯的命运。"

小说主人公赣第德，寄居在德国威发里一位男爵的府上，他受到府上家庭教师潘葛洛斯的教育。潘葛洛斯是一位哲学家，他鼓吹一切皆善，宣传"在此最完善的世界上，万物皆有归宿，此归宿自然是最完美的归宿"。赣第德首先虔诚地相信潘葛洛斯的观点，但是他后来在这世界上的种种奇遇恰恰证明，这个世界并不是尽善尽美，而是充满着丑恶与不幸。赣第德因为和男爵的女儿居内贡小姐自由恋爱被贵族偏见极深的主人一脚踢出了爵府；他被抓壮丁到兵营训练，又因为目无纪律自由行动而惨遭毒打；在两军相争的战场，他看到双方士兵互相残杀，奸淫掳掠，惨无人道。在流浪漫游中，赣第德几乎很少碰到好人，所见到的不是宗教狂热分子，就是偷鸡摸狗的神父和敲诈勒索的法官。他九死一生，吃尽了苦头，先被误认为是异教徒，差一点被宗教裁判所活活烧死，后又在巴黎被骗子神父等人盘剥一空。他的情人居内贡小姐的遭遇更为悲惨，在战祸中她的家人被杀，自己被敌兵强奸，后又被一位军官霸占，这位军官厌倦之后又把她作为奴隶出卖，最后娇艳可爱的爵府千金变成了相貌奇丑的洗衣妇。口口声声宣称"天下尽善尽美"的潘葛洛斯，也被无情的现实狠狠嘲弄了一番，先是染上梅毒烂了半截鼻子，后来又在里斯本大地震时被宗教裁判所施加火刑，以慰天神，差一点被活活烧死。赣第德和居内贡小姐的同伴的经历也无一是幸福美满的。面对着人世间的丑恶与不幸，赣第德最后清醒了，他对潘葛洛斯叫道："得啦，得啦，我不再相信你的乐天主义了。地球上满目疮痍，到处都是灾难啊。"

徐志摩在中译本序言中还提到伏尔泰精神的远祖是古希腊伟大的哲学家苏格拉底。苏格拉底所处的时代，是平民政治与学术自由的时代，像苏格拉底这样有学问的人都可以上街演讲，同时招收弟子。他每天总是天不亮起床，匆匆蘸着酒吃几片面包，然后穿上长袍，披上粗布斗篷，溜出家门去寻找一个店铺或一个庙宇，一位朋友家或公共浴池，哪怕是大街上一个熟悉的角落也好，只要那里有辩论可以参加。他所居住的雅典城是一个充满研讨与辩论气氛的地方，苏格拉底就是在这样的演说辩论中成为一位批评的哲学家。他对一切都持批评与怀疑的态度，对传统不屑一顾，对人们习以为常、奉若神明的东西完全否定。伏尔泰在《赣第德》中的手法和苏格拉底极其相似。他生动地概括了十七十八世纪欧洲各种哲学派别的论争，并把这种争论从谈玄说理的神秘迷雾中解放出来，使之面向现实社会，具有明显的针对性和浓厚的哲学含义。提到伏尔泰的希腊情结，德国著名的哲学家尼采也曾调侃地评价伏尔泰说："伏尔泰是最差劲的伟大的诗人，他那天生的激情和戏剧家的多变思想中的希腊情结妨碍了他的创作。他可以创作出任何德国人都无法写出的作品，因为，法国人的天性比德国人更接近希腊人。同样，他也是最差劲的伟大作家，因为他是用希腊人的耳朵、希腊艺术家的良知、希腊人的淳朴和希腊人的乐趣来摆弄散文艺术的。"同时，《赣第德》里所描写的荒唐可笑、奇异怪诞、幽默有趣的故事表明，伏尔泰作为古典主义的文学大师，也开始娴熟地运用浪漫主义的艺术手法和技巧。

戳穿"先天和谐论"的画皮

伏尔泰是唯物主义的思想家，他在用自己的小说抨击封建专制制度和宗教势力的同时，也积极宣传唯物主义的科学思想。如果说，《查第格》是假借古代东方的题材影射西方的社会现实，那么，《赣第德》则是直接描述当时欧洲的社会生活，它是以贬斥时弊，嘲讽盲目乐观的"先天和谐论"哲学为主要内容的。

当时的欧洲，盛行着一种唯心主义的乐观哲学，法国的莱布尼茨，英国的博林布洛克等人，都是"一切皆善"的哲学鼓吹者。他们认为恶是暂时的，善是永久的，现实中的一切都会走向更完美、更崇高的和谐。这一哲学观的产生是有其深刻的社会基础的。17世纪，欧洲的反封建斗争遭到挫折，随着君主专制统治的加强和唯理主义的盛行，资产阶级在政治上对封建王权的谦让、妥协倾向日趋明显，安于现状、忍辱求生、知足常乐的盲目乐观主义哲学也就应运而生。它成了束缚人们头脑的一种新的精神枷锁。针对这一现状，伏尔泰觉得非常有必要戳穿"先天和谐论"的画皮，提醒人们保持清醒的头脑。他决定采用自己最得心应手的斗争工具——讽刺小说来批驳这一为旧制度辩护的哲学，并借机宣传启蒙思想。伏尔泰在《赣第德》中，通过对赣第德、居内贡、潘葛洛斯等人苦难历程的描绘，深刻揭露了欧洲封建社会和教会制度的腐朽黑暗，无情地嘲笑了乐观主义哲学的盲目性和虚伪性，同时也批判了这种哲学给人们精神造成的危害。

戳穿"先天和谐论"的画皮，也成为伏尔泰哲学思想、宗教观念和人生理想的生动写照。1755年11月1日，葡萄牙首都里斯本发生强烈地震，12月初又出现余震。地震之后引发熊熊大火，倒塌和烧毁的房屋不计其数，居民先后死伤三万余人。第一次地震那天正是基督教的万圣节，教会人士借机大做文章，把责任归咎于无神论者得罪了天神，疯狂围攻进步思想家。葡萄牙耶稣会教士活动尤为猖獗，他们不顾人民生命财产的损失，用上帝对人类惩罚的谎言来恐吓群众，还在里斯本举办功德会，活活烧死无辜的百姓来奉祭天神，以期得到天神庇佑，阻止地震的再度发生。一时间，欧洲各国舆论大惊，人心惶恐，社会秩序混乱，甚至在进步思想家中也引起了疑惑和不安。伏尔泰得知这一情况后，激愤不已，他挥笔写下了一首哲理诗《咏里斯本灾难》，副标题是"对'一切都完满'公理之检讨"。在这首著名的诗里，伏尔泰猛烈抨击了教会人士的别有用心，他坚信里斯本的灾难绝不是因为那里的人罪恶深重而招致上帝的惩罚，教会宣传的那种上帝也是根本不存在的，里斯本悲剧的原因应该在自然界，在自然法则中去寻找，而不应在上帝的旨意中去寻找。他还反驳了蒲伯的世界完满论，他宣称认为生活中的一切都很美满的人，明显是在撒谎，里斯本的废墟就是对这种谎言的最好驳斥。《咏里斯本灾难》发表时，伏尔泰还同时发表了另一首哲理诗《咏自然法则》。这首诗阐述了伏尔泰自己的自然法则理论和自然神论主张，指责基督教的迷信、狂热、崇拜和教派争吵严重地违背了自然宗教的原则，宣传了宽容精神。在《赣第德》中，伏尔泰也描绘了1755年里斯本大地震的灾难。当时，反动教会有意利用唯心论愚弄民众，他们置人民的生死于不顾，还要用"上帝对人类的惩罚"之类的谎言来恐吓群众。伏尔泰通过对里斯本举办功德会，以活人祭祀地震场景的真实描绘，有力地揭露了专制制度的黑暗和宗教势力的猖狂。一个个无辜的异教徒被活活烧死了，可是地震照样发生，这是对教会神权邪说的绝妙讽刺。伏尔泰力图启示人们：自然规律是不受人们的善恶观念驱使的客观存在，自然界对人类造成的灾难绝不应看成是神灵对人类的惩罚。如果说《咏里斯本灾难》是用严肃的哲理诗来批判现实社会的黑暗与腐朽，反对愚昧的乐观主义，那么《赣第德》则是用风趣十足的讽刺文学来揭露社会生活的种种丑恶，一层一层地戳穿"先天和谐论"的画皮。

"开垦自己的园地"

伏尔泰最擅长、最能体现其诙谐幽默的性格特点的是讽刺。在《赣第德》中，他讽刺的笔锋从德国到英国、从法国到西班牙，横扫整个欧洲。他嘲笑荒淫无耻的贵族和教士时更显得辛辣无情。当小说写到潘葛洛斯身染脏病的来历时，伏尔泰突然不动声色地抖出了一份神秘的"家谱"：潘葛洛斯是从使女巴该德那里染上了这个病，巴该德的病"是一个方济会神父送的，神父的病是得之于一个老伯爵夫人，老伯爵夫人得之于一个骑兵上尉，骑兵上尉得之于一个侯爵夫人，侯爵夫人得之于一个侍从，侍从得之于一个耶稣会神父，耶稣会神父当修士时直接得之于哥伦布的一个同伴"。短短一段描述，把贵族和教士可耻的面目揭露得淋漓尽致。此外，在《赣第德》中，伏尔泰还精心安排了一个赣第德在威尼斯巧遇六位失去王位的国王的情节：这些曾经器张显赫一时的国王，在威尼斯过狂欢节时，竟然现出了付不起饭钱的穷酸相。敏锐的伏尔泰已经从封建专制势力的疯狂猖獗中，预感到它穷途末日的来临。三十年后的 1789 年，一场荡涤封建残渣余孽的大革命风暴，终于如火如荼地爆发了。

伏尔泰在《赣第德》中，不仅揭露了专制制度和封建教会的腐朽与黑暗，而且也为人们展示了一幅理想社会的美好蓝图。赣第德无意之中来到了黄金国。在这一自由的国度里，人们安居乐业，丰衣足食，既无迫害，又无牢狱；有高耸入云的现代化建筑，有摆满研究数学和物理仪器的科学馆；国王英明有为，民众虔诚和睦。显然这一理想中的黄金国，只不过是伏尔泰乌托邦式的社会和政治理想的图解，是不可能实现的理想国。然而，它作为封建专制社会的对照物却也显得赏心悦目。伏尔泰正是希望通过黄金国的理想生活图景，来激励人们解放思想，崇尚科学，追求精神文明和物质文明的远大理想。

如何实现这一远大的理想呢？伏尔泰首先在小说中刻画

了一位悲观主义哲学的代表人物马丁，他坚持"人类只是在焦灼不安和无聊昏睡中生活一世"的悲观论调，坚信灾难、卑鄙行为和无聊之事主导人生的岁月。但这是伏尔泰所不赞成的消极处世哲学，他主张启迪人们的智慧，正视现实，积极谋求新的变革。伏尔泰因此在小说的最末一句话借赣第德的口中说出："我们还是开垦自己的园地吧。"这句名言，构成了伏尔泰全部哲学思想的真谛。它说明，人类社会并不美好，要改变现状，不能坐等天赐恩泽，一切都得从自己脚踏实地的努力工作开始。伏尔泰面对里斯本地震的人类灾难流露出无尽的忧伤。然而，在《赣第德》里，伏尔泰把忧伤变成了辛辣的讽刺。这是真正的伏尔泰式的表现手法。伏尔泰以这种怆然态度观察了人生的苦难之后，是否要像帕斯卡那样，对天生不幸的人生大发感慨呢？正如书中悲观主义者马丁所说的："人生来就是要在忧虑的抽搐或者在麻木的迟钝中度过一生的。"可是，伏尔泰在书中却打断了这一悲观的结论：我们深为人世间这诸多的不幸而困苦，就去向一位杰出的"苦行僧"讨教。"人世间有善有恶，与你们何干呢？"说完，这位玄学家便粗暴地把我们打发走了。接着，小说就用一种典型的伏尔泰式的压缩方式结束了。老实人赣第德"得出结论"，不要再为我们经受的这些苦难而悲伤，而是应当去做蛋糕、刺绣，做木匠活，总之，应当"开垦自己的园地"，就像外面什么事情都没有发生一样。所以，伏尔泰所创作的《赣第德》，在它很短的篇幅中，蕴含着机智、嘲弄、顽皮的新花样，这种浓缩的功夫是无与伦比的。

第 10 章

《论宽容》: 批判与自然法则
背道而驰的不宽容

"消灭败类"的缘起

几十年来, 伏尔泰一直坚持不懈地与宗教迷信、狂热、褊狭或不宽容作斗争, 宣传启蒙思想, 但是他明目张胆地公开抨击教会势力的时候毕竟很少, 他比较讲究斗争的策略, 一般情况下都是通过间接的、隐秘的手段与他们斗争。

1758 年 10 月, 《瑞士报》登出一篇匿名文章, 这篇文章宣称伏尔泰即使不是无神论者, 也是被自然神的兴趣冲昏了头脑的疯子。对这一无耻的攻击, 伏尔泰给予了坚决的回击，同年 12 月，他也在《瑞士报》发表署名文章《斥一篇匿名文章》，公开地向宗教势力发出了挑战。这时的伏尔泰之所以能够勇敢地站出来，直截了当地抨击宗教的罪恶，首先是由于法国和瑞士当局勾结教会势力，恶毒攻击《百科全书》和他的一些著作，使他怒不可遏。其次或者说更主要的是由于他在瑞士获得了一定程度的独立和自由，他对自己的力量产生了信心。以前，他一直是在社会地位显赫的人的庇护下侥幸求安：年轻时，他仰仗贵族中的熟人和朋友；在英国，他得到权倾朝野的社会名流的支持；在西雷古堡，夏特莱侯爵夫人、里舍利厄公爵和法国王后的父亲波兰前国王斯坦尼斯瓦夫二世等人经常保护他；在普鲁士，他又得到普王弗里德里希的荫庇。现在，他在日内瓦，在洛桑，在费尔内或图尔内，都有比较自由、宽松的环境。同时，他已是众望所归的欧洲知识界的元老，海内外慕名而来的造访者不计其数，即使是日内瓦的政府首脑或各地权贵也常常成为他的座上客，他已不必像以前当朝臣时那样诚惶诚恐、阿谀逢迎，用自己的人格去换取一时安乐。现在他可以为自己的利益与权利同别人抗衡，可以自由地表达自己的思想和意见，因为他已无坐牢或死亡的危险。伏尔泰在费尔内时期发现了一个新的敌人的名字，或者说他给自己的敌人取了一个新名字：败类。"消灭败类"成了他这一时期工作的主要内容，他在致哲人党朋友的信中都要署上他们的战斗口号："消灭败类"（écraserl'infame）。有时干脆缩写成"Ecr.linf"，以致有一位拆看他们信件的检查官以为这些信的作者是 Ecr.linf 先生。

1759 年，伏尔泰完成了民族历史题材的悲剧《唐克雷特》和悲剧《苏格拉底》。《苏格拉底》是伏尔泰"消灭败类"战斗中射出的一发重磅炸弹。剧本按照自然神论的观点，把这位希腊著名哲学家描绘成了一位宗教宽容斗争中的殉难者。伏尔泰自信他的这部悲剧会使宗教狂热者发抖。他在剧本中赞扬了苏格拉底的宗教观念，坚信他是以道德，而不是以形而上学为基础的。苏格拉底在崇拜神性，给人类以帮助、培养友谊和学习哲学时，自以为已经履行了责任，所以遭到当时的僧侣诅咒。这一剧本还公开讽刺了百科全书派的死敌、耶稣会机关报《特雷沃报》的主编贝蒂埃神父。1759 年 11 月，贝蒂埃神父在报上发表文章攻击《咏自然法则》和《百科全书》，伏尔泰立即写了一篇尖酸刻薄的反驳文章《耶稣会士贝蒂埃患病、忏悔、死亡和显灵的记录》。他在文中写道，贝蒂埃由于在报纸上发表了太多的恶毒言论而中毒，还染上了瞌睡病，不停地打哈欠。为了医治这一怪病，医生建议他吞下一页《百科全书》，但病情只能稍稍缓解。贝蒂埃不得不承认自己是令人讨厌的，最后，他在平静中死去了。死后，他又奇迹般地显灵，他告诉噶拉斯神父的侄子，他在被认为是谦卑和温和的人之前，一直处于地狱之内，噶拉斯神父的侄子后来告诉《特雷沃报》的编辑同人，他从贝蒂埃的显灵认识到，骄傲是最致命的罪恶，是耶稣会士最害怕的东西。伏尔泰在这里把他痛恨的贝蒂埃神父及其耶稣会士狠狠地戏弄了一番。

报刊专栏撰稿人佛勒龙也是反对狄德罗和伏尔泰的重要人物之一。1754年8月，他在《文学年鉴》上辛辣地讽刺伏尔泰，1755年又抓住达兰贝尔在《百科全书》第5卷卷首撰写的纪念孟德斯鸠逝世一周年的文章，攻击作者，指责整个《百科全书》。1756年，他又在《文学年鉴》上大肆攻击狄德罗的《私生子》。1760年7月，伏尔泰把刚刚完成的喜剧《苏格兰女人》交给巴黎喜剧院公演。在剧中，佛勒龙被刻画成一个热衷于诽谤的人，他居然宁肯做假证也不放过一个使他反感的无辜女孩。他自诩"是一个杰出的编辑"，无耻地宣称"我称赞低能者，我蔑视真正的天才"。

1760年5月10日，法兰西学院一名诗人蓬皮尼昂出席就职仪式发表演说时，突然恣意攻击哲人党，指责法兰西学院对一些危险学说的宽容。他首先就对伏尔泰提出了严厉的批评，他认为伏尔泰进入法兰西学院时的就职演说是以种种伟大的大拼盘拼凑出的最平庸、最无味的演说词。蓬皮尼昂在法兰西学院的就职演说引起了伏尔泰的愤怒，他立即以克洛多雷的笔名发表了一篇题为《何时》的文章，嘲笑蓬皮尼昂的放肆和无知。随后，百科全书派的莫尔莱神父也写了《如果》和《为何》进行驳斥。伏尔泰意犹未尽，又以德利斯的笔名续写了《是》和《否》。这些文章像一连串的炮弹，对启蒙哲学的政敌进行了猛烈轰击，形成了蔚为壮观的"小品词大战"。蓬皮尼昂恼羞成怒，便写了一篇《陈情书》呈交国王，希望得到至高无上的国王的同情和支持，结果也未能如愿以偿。

启蒙思想家们还有一名危险的敌人帕利索。他像佛勒龙一样，对百科全书派咄咄逼人之势甚为不满，曾抛出一篇题为《论大哲学家的几封小信》的文章，责备哲人党夸张偏执，互相捧场，对敌手妄加中伤。1760年5月，帕利索精心炮制的一出喜剧《哲人党》在法兰西喜剧院上演，这一闹剧把哲人党的理想描绘成了对公共秩序和社会道德有害的东西。剧中的克里斯潘被描绘成四只脚走路的人，这显然是代表崇尚原始主义的卢梭；剧中的罗狄德明显是狄德罗的代名词，他被刻画成一个无耻的骗子，经常利用自己关于人性的丰富知识，来骗取天真无知的妇女，他还在七年战争中表现出不热爱祖国的情绪。《哲人党》还影射了杜克洛、爱尔维修、格里姆等一大批百科全书派的代表人物。帕利索侮辱哲人党，损害启蒙思想家的恶劣行径，激起了百科全书派的极大愤怒。狄德罗开始撰写《拉摩的侄儿》，他搜集了帕利索的种种卑劣言行，在书中对其进行了有力的还击。一向温文尔雅的百科全书派重要成员莫尔莱神父也一反常态作出了强烈的反应，他出版了《作为喜剧〈哲人党〉前言——夏尔·帕利索之幻想》一书，严厉谴责帕利索，甚至还直接指责其宫廷的庇护人罗贝克公主，并暗示她末日将要来临。国王当然不能容忍这种冒犯行为，莫尔莱神父不可避免地被关进了巴士底狱。帕利索一直非常尊重伏尔泰，他在《哲人党》序言中宣称，他和伏尔泰关系很和睦，他把剧本寄给伏尔泰并声明，他攻击的只是哲学中的弊端，而不是像伏尔泰这样真正的哲人。伏尔泰虽然对这位坦率的学生抱有好感，但是他把启蒙事业看成是自己的神圣事业，把对这项事业的责任和对同志的义务放在个人感情和礼节之上，坚定地反对帕利索对哲人党的挑衅行为。在给朋友和支持者写信时，伏尔泰表示，他坚决反对帕利索在舞台上嘲笑哲人党，他认为全体巴黎人民应该明辨是非、分清敌我，团结起来反对帕利索可耻地歪曲哲人党的行为。在与帕利索的通信中，伏尔泰也毫不隐瞒自己与《百科全书》的密切关系，承认自己为它写了十二个条目，认为这一杰作是教育人民和维护国家荣誉所不可缺少的，他拒绝帕利索对百科全书派及其自由思想的一切批评。

伏尔泰认为，反击帕利索等人对哲人党攻击的最好办法，就是设法把狄德罗选入法兰西学院。他设想，只要狄德罗能当选为法兰西学院院士，反对派对哲人党的非难便会不攻自破，他们也不敢再为所欲为。但是，远离专制制度统治中心的伏尔泰还没有充分认识到现实斗争的残酷性，他过高估计了他的贵族朋友们的能力，法兰西学院的大门不可能向《百科全书》的主编洞开。在支持狄德罗入选法兰西学院的活动失败之后，伏尔泰认识到自己依靠贵族和宫廷帮助的斗争策略存在问题，他逐步与其他哲人靠拢，更多地倾听他们的意见和呼声。1760 年 6 月，杜尔哥等哲人到费尔内拜访伏尔泰，他们就启蒙运动的走向和斗争方略进行了促膝长谈，伏尔泰更深刻地认识到了自己的不足，而更加赞同哲人党兄弟们的远见卓识。

伏尔泰也由此开始把"消灭败类"斗争的重点转移到对宗教狂热、迷信和偏执的抨击上。为了推动法国的启蒙运动，更好地启迪、动员民众，让人民自觉地起来向野蛮、愚昧的宗教习俗作斗争。伏尔泰一直想寻找一份最有说服力的材料。1762 年年初，他终于在自己的家里把它找到了，这就是天主教神父让·梅里叶的《遗书》。这份职业宗教家自我暴露的材料，原是梅里叶生前的手稿，伏尔泰将它保存了二十九年。现在他要把《遗书》的某些部分公之于世，把它作为自己掀起的"消灭败类"宣传运动的秘密武器。

让·梅里叶，1664年出生于香槟省马泽尔尼村一个纺织工人的家庭，他曾遵照父母之命走上了传教布道之路。1687年，他从里梅宗教学校毕业后，便开始担任教职，起初在马尔尼当神父，1698年开始负责埃特列平低级教区的宗教事务。1729年5月自杀身亡。他从事宗教工作不久便发现，自己向教民所宣传的那套教义，全是欺骗人类正常理智的胡言乱语。这个生前默默无闻的神父，运用自己的智慧孜孜不倦地、秘密地从事着暴露教会内幕的工作，但他自己没有勇气站出来做公开的揭露，向人们承认自己在讲坛上传道时所说的谎话。因此，他痛苦万分，夜不能寐，他想，即使自己生前不敢揭露自己，也要在死后让人们认识自己，了解教会的真相。于是，这个忍受着巨大精神折磨的神父在自杀前，利用无数漫长的不眠之夜写下了自己心灵的独白——这就是他死后震惊世界的《遗书》。在这部洋洋七十余万字的巨著里，梅里叶阐述了唯物论和无神论的思想，无情地戳穿了宗教维护封建统治的本质，愤怒地揭露出封建专制制度给广大劳动群众带来的苦难。这位天主教神父承认，世界是永恒而无限的物质，根本不存在什么"救世主"，一切宗教义务都是谎言与欺骗。他痛斥社会的不平等，他说，一部分人享受着人生的欢乐，残暴地统治着别人，而另一部分人则充当奴隶，受苦受难。他把教士、包税人、官吏和投机商统统斥为富足的懒汉，而王权和封建主则是魔鬼与寄生虫。在《遗书》中，梅里叶还真实地描绘了自己胆怯而又悔恨的矛盾心理，他写道："当我被迫向你们传道而说谎时，我的内心是多么的痛苦啊！你们的轻信引起了我心中多少悔恨。千百次我准备当众忏悔，但是我力不能胜的恐惧心理阻挡了我，使我不得不缄默下来，直到我的死亡。"他真诚地希望人们赶快觉醒，奋起斗争，用革命的手段推翻暴君和僧侣贵族的统治，打碎精神枷锁，创造一个真正自由平等的新世界。

梅里叶逝世之后，他的《遗书》手抄本开始在法国流行，1735 年，伏尔泰从友人季里奥处得知了《遗书》的内容，他对梅里叶十分赞赏，认为他是像洛克一样伟大的哲学家。他请季里奥设法搞到了一份《遗书》的手抄本。1762年，伏尔泰编辑了《遗书》的摘要本，在日内瓦匿名出版，题为《梅里叶号召教区人民反对腐朽透顶集团的呼吁书》，它仅仅是根据原书的第一部分选编的。伏尔泰最感兴趣的是书中评论基督教主要根源和批判基督教教义的部分。他根据"消灭败类"斗争的需要，对原书断章取义，把具有坚定的无神论信仰的梅里叶改变成了激烈谴责宗教迷信但却信仰上帝、害怕上帝发怒的自然神论者，他突出选编了梅里叶遗稿中揭露教士假仁假义、贪得无厌，对人民痛苦麻木不仁的内容，但却删除了梅里叶关于社会不平等的论述。尽管如此，这个摘要本仍在社会上受到普遍的欢迎，并连续再版了好多次。伏尔泰以天主教神父的现身说法给专制政体和天主教教会以致命的打击。伏尔泰作为自然神论者，他不赞成梅里叶的无神论，不反对宗教，但是他反对天主教这种制度化的宗教。他拥护和赞扬梅里叶对基督教的揭露和控诉，他认为，"消灭败类"要坚决攻击超自然的宗教和基督教。他从自己的亲身经历中体会到，基督教是社会不安定的根源，是真正宗教的敌人。基督教反复向人民灌输迷信，而迷信是引起宗教灾难的祸根。为了宣传自己的主张，他写了大量反基督教的小册子。

1762年发表的《五十个说教》是伏尔泰的宣战书。他认为《圣经》是最不确实、矛盾最多的书。书中有关奇迹的记述只不过是东方民族的民间传说，使面包和酒变成肉和血简直是胡说八道。他说犹太人的上帝是专制、残酷、自私、爱报复和爱虚荣的，真正的上帝绝不是基督教的上帝，而是自然神论的"钟表匠"，是秩序和爱之神，是正义、善良和无限之神，是一切人的慈父。他的宗教思想也像他的政治学说一样，认为上帝是一个和蔼可亲的开明君主。为了宣传自己"消灭败类"的主张，伏尔泰在发表《五十个说教》，出版梅里叶《遗书》摘要之后，还先后撰写了一大批著作。1763 年发表《论宽容》，1764 年出版《袖珍哲学辞典》，1767 年发表《英国绅士博林布罗克的重要研究》，1770—1772 年撰写了《关于百科全书的问题》，1771 年出版《终于得到解释的圣经》等，所有这些著作都是以"消灭败类"为主题的。除此之外，他还注意采用玩笑、对话、论辩等多种机智而风趣的形式，向人们反复灌输他矢志不移的"消灭败类"的思想。

"卡拉的恩人"

1762 年 3 月中旬，也就是在伏尔泰公开发表反对基督教的第一部著作《五十个说教》约两星期之后，一位到费尔内访问的法国人告诉了伏尔泰最近发生在图卢兹的一件骇人听闻的宗教迫害案。正是这一事件，使他"消灭败类"的宣传运动变成了与教会势力的直接对抗，使他对正义和法律抽象的要求变成了具体的行动。

在图卢兹著名的维尔饭店附近，有一条小有名气的菲拉蒂埃大街，这条街虽然拥挤狭窄，却每天都人头攒动，热闹非凡，因为这里是图卢兹的商业中心。在这条街道的 16 号内住着一位绸布店主，他专门为贵夫人做衣服和印制鲜艳的平纹花布。他就是在当地以善于经营小本生意而闻名的让·卡拉。卡拉是胡格诺教教徒，为人和善，待人宽容，老实朴素。他已是六个孩子的父亲，四个儿子和两个女儿都已成年。1761年夏末秋初，图卢兹气候反常，酷热难当，许多人都在卡罗那谷地或比利牛斯山下避暑。卡拉不愿耽误生意，一直坚持正常营业。当时，他把两个女儿送到了乡下，三儿子路易在外地经商，四儿子多纳也在尼姆给一个商人当学徒，家里只剩下老两口、大儿子马克·安东尼·卡拉和二儿子皮埃尔。马克·安东尼·卡拉这年已29岁了，他性格抑郁、落落寡合，总有怀才不遇的感觉。由于他是新教徒，故不能进大学学习法科走从政之路。他又不愿像自己的父亲和弟弟们一样，经商混日子。他喜欢古典作品，尤其是塞涅卡和普罗塔支的作品，他也喜欢读蒙台涅和莎士比亚的著作，哈姆雷特有关生与死的独白使他尤其着迷。他常常爱发奇思异想，对一些论自杀的戏词也津津乐道。

1761年10月13日，皮埃尔的一位名叫高培尔·拉瓦依斯的朋友前来卡拉家拜访。这位朋友是虔诚的天主教教徒，他曾劝说皮埃尔和马克·安东尼放弃胡格诺教，改信天主教。不过这天他不是为这事而来的，他的家人都到乡下度假去了，他是来这里散心的。卡拉夫妇热情招待儿子的朋友，并留他一起吃晚饭。卡拉在店铺关门后便陪客人吃饭，女仆让娜在厨房里忙着做菜。饭桌上话题沉闷，缺少朋友光临的欢乐气氛。为了打破沉闷的气氛，卡拉试图把话题转到大家都感兴趣的问题上，他提到了维尔饭店最近改建的一些趣闻。坐在饭桌上一直沉默不语的马克·安东尼听到提起维尔饭店，便马上来了热情，他开始滔滔不绝地谈起了一些他自鸣得意的见解。他的弟弟皮埃尔很看不惯他自以为是的样子，便嘲笑他是不懂装懂，故弄玄虚。马克·安东尼颇感不快，当女仆让娜为客人端上甜点心时，他借故离开了餐桌。因有客人在家，卡拉夫妇没有介意大儿子的不快。再说他们也了解这位儿子的古怪脾气，没觉得有什么异常之处。吃完饭后，他们和皮埃尔继续陪客人喝咖啡，晚上9点多钟，客人拉瓦依斯起身告辞了，女主人要皮埃尔送客人下楼。皮埃尔走到楼下，吃惊地发现店铺的大门洞开，他以为屋里进了小偷，赶紧走进柜台内点上蜡烛，烛光下的景象使他惊呆了：哥哥马克·安东尼居然吊在门框上！他慌忙地尖叫起来，卡拉夫妇和拉瓦依斯也应声而来，他们一边割断绳子把马克·安东尼放下来，一边喊来医生进行紧急抢救，但由于为时太晚，谁也不能使马克·安东尼起死回生了。开始，让·卡拉还以为他的儿子是被人谋杀的，当他确信这个不争气的儿子是自杀时，他恳求皮埃尔及其朋友为了自己家庭和死者的名誉不要向外人透露事情真相，因为天主教的法律是严禁自杀的。他一心只考虑到活着儿女的前途，却没有料到一场更大的厄运正在向自己袭来。闻讯赶来看热闹的邻居们挤满了他的店铺，这时，有些狂热的天主教教徒乘机造谣中伤，煽动不明真相的群众。他们诬蔑说，马克·安东尼肯定是被他的亲生父母杀死的，因为他最近改信了天主教，明天就要声明脱离胡格诺教，而按照胡格诺教的传统，做家长的是宁愿置儿子于死地，也不允许他改教的。他们立即请来警察，逮捕了卡拉一家和拉瓦依斯。其实，胡格诺教从来就没有禁止改教的规定。狂热的天主教分子的指控完全是空穴来风，蓄意为卡拉一家罗织莫须有的罪名。了解卡拉一家的人都向当局证明，让·卡拉是一个仁慈、宽厚的父亲，对子女的宗教信仰并不加以干涉，他的那个名叫路易的儿子，不久以前因受女仆让娜的劝说而改信天主教，卡拉并没有责怪他，甚至连这个爱管闲事的女仆也没有更换。笃信天主教的让娜也极力为她胡格诺教的主人辩护，她说，一个60多岁的老人绝不可能把一个体格健壮的青年人缢死，况且，在这所房子里还有她和拉瓦依斯两个天主教教徒在场，他们不可能帮助主人杀死他们的嫡亲骨肉。宗教狂热分子的无稽之谈，竟然被教会当局当作真凭实据。这个本来就违反天主教禁令而自杀身亡的人被教会宣布为神圣的殉道者，他的尸体被抬到教堂里，教会当局欺骗盲从的教徒们说，他的尸体将因神灵而复活。教会还装模作样地为马克·安东尼举行了庄严的弥撒祭，图卢兹大部分居民都出席了这一仪式。教堂中的白幔上挂着一副从外科医生处借来的骷髅，作为马克·安东尼的化身，它一手握着棕榈叶，作为殉道的标志，一手握着一张书写着"弃绝异端"的纸条，作为安东尼因改信天主教而被谋杀的证据。一时间，图卢兹笼罩在狂热的气氛之下，宗教狂热分子和盲目的民众都把马克·安东尼视为圣人，虔诚地对其顶礼膜拜，有人为他祝福，有人向他祈祷，许多人甚至还绘声绘色地传播着他带来的奇迹。卡拉案件提交给图卢兹地方法院审理，法院控告卡拉犯有反对天主教教会之罪。卡拉全家和拉瓦依斯都被轮番带到法庭受审，他们都坚持拘捕入狱前的口供，其他证人也都为卡拉一家辩护。由于许多狂热的天主教教徒向法官施加压力，尽管卡拉谋杀马克·安东尼一案证据不足，图卢兹法院仍在1762年3月9日以八票对五票作出了最后的判决，判处让·卡拉车裂死刑。皮埃尔被放逐。其他人无罪释放。3月10日，卡拉被押往刑场，当他途经自己生活了四十多年的图卢兹大街时，不禁流露出深深的眷恋之情。在即将与自己的亲人永别之际，他内心非常平静，他不住地大喊"我是无辜的"。残忍的刽子手用铁棒打断了这位老人的臂骨、腿骨和肋骨，然后把他绑在车轮上让他慢慢死去，最后再在大庭广众之下焚尸。临死之前，卡拉对身边的神父说："我无辜而死，耶稣基督简直是无辜的代名词，他自愿受比我更残酷的极刑。我对我的生命毫无遗憾，因为我希望这场结局会引我去享受永恒的幸福。我哀怜我的妻子和孩子，对于那个我为了礼貌而留他晚餐的客人，尤其觉得遗憾……"卡拉的从容赴死，使在场的天主教教士都觉得他是无罪的，他们说卡拉虽然是新教徒，但他的死与殉道者的受难是完全一样的。

当伏尔泰听完这一宗教迫害事件的介绍之后，惊诧不已。这是他一生中听到的最令人发指的事件，不论是图卢兹法院的判决，还是卡拉有罪，祸根都是宗教狂热，他一生中写过不少揭露宗教狂热危害的悲剧剧本，但是还没有一个剧本比得上现实舞台上的这个悲剧更使人毛骨悚然。他立即放下手边的工作，开始了解这一事件的来龙去脉，他决心要弄清事实真相，以便伸张正义，保护无辜的人们。当伏尔泰正在紧张地调查卡拉案件有关详情细节时，卡拉的两个儿子逃难到了费尔内附近，住在日内瓦。他马上派人把他们找来，交谈询问了几次之后，确信让·卡拉是无辜的。他向卡拉的儿子表示，他一定会利用自己的朋友、自己的财力、自己的笔和自己的声誉，纠正图卢兹八个法官的致命错误，替卡拉申冤。伏尔泰积极为卡拉的平反昭雪而四下活动。他给许多有名望、有地位的朋友写信，表面上是希望他们提供消息，实际上是想通过明确表白自己的态度，对他们施加影响，谋求他们对这一工作的支持。他还组织了一个辩护委员会，包括巴黎高等法院最有名的律师在内的十五位律师都表示愿意为卡拉一案进行辩护，并分头取证，准备充分的材料。卡拉死后，他的女儿被关进了修道院，儿子亡命他乡，孤苦伶仃的卡拉夫人为了替丈夫申冤只身前往巴黎，准备直接向国王申诉。当伏尔泰了解到这一情况后，马上写信动员巴黎的朋友对其进行照顾和帮助，巴黎高等法院的律师马利埃特亲自代卡拉夫人写了正式的申诉书。卡拉夫人在巴黎得到了出乎她意料的同情和帮助，由于德高望重的伏尔泰奔走呼号，卡拉夫人还得到法国各界人士和欧洲许多国家有识之士的同情和支持，甚至普鲁士国王弗里德里希、俄国女皇叶卡捷琳娜也为之声援。卡拉一案轰动了整个欧洲。

在伏尔泰和一些自由思想家的努力下，巴黎高等法院终于同意复审卡拉案件。1763 年 3 月 7 日，凡尔赛宫举行国务会议，讨论卡拉案件的处理问题，全体大臣出席了会议，会议由枢密大臣主持，一个法官以公正的态度详细介绍了卡拉案件的有关情况。会场外挤满了同情卡拉的各阶层人士，他们都在焦急地等待着国务会议的决定。最后，国务会议派一位代表到国王的房间通报会议的决议：对图卢兹法院提出抗诉，责令它呈送审判过程的全部文件，并且要说明判决让·卡拉死刑的正当理由。国王表示同意这一决议。1764年，巴黎高等法院撤销了对卡拉的无理判决，伏尔泰为卡拉申冤翻案的活动终于取得了成功。1765年3月9日，即卡拉惨死三年整的这一天，法国枢密院正式宣布为卡拉一家完全恢复名誉，国王路易十五赐给卡拉夫人三万六千金币作为抚恤金。

在卡拉一案沉冤大白之时，许多法国人也因此受到了深刻的教育，人们走上街头，汇聚到广场，庆祝理性和社会正义的胜利。三十年后，法国大革命胜利后的资产阶级革命家甚至还把卡拉作为革命的先烈来进行纪念和缅怀，革命之后成立的国民大会专门作出决议，在狂妄迷信害死卡拉的图卢兹广场建立一座大理石纪念碑。在这座纪念碑上刻着这样的文字："国民大会奉献于父爱，奉献于自然，奉献于狂妄迷信的牺牲者卡拉。"伏尔泰说过："如果你要做个像耶稣基督那样的人，就要做一个殉道者，而不要做刽子手。"他为被压迫者仗义执言的行为，在欧洲各国引起了强烈的反响，因而也越来越受到人们的敬仰和尊重。人们亲切地称他为"卡拉的恩人"。

卡拉事件是伏尔泰晚年亲身投入"消灭败类"斗争的第一起实际行动，后来他还为西尔文、拉拜尔和蒙巴义等人的冤案而奔走过。他致力于拯救含冤受屈的灵魂，不断地向弱小者伸出援助之手。

宽容的意义在于思想自由和个人自由

卡拉事件使伏尔泰实实在在地感受到了宗教狂热的巨大危害，他认为不宽容或褊狭，是与自然法则和社会法则背道而驰的，因此，必须大力提倡宽容精神。在争取为卡拉冤案平反昭雪的过程中，他开始撰写又一部重要的著作《论宽容》。这部匿名发表的著作详细叙述了卡拉案件的始末，概括了作者对卡拉事件的看法，全面而系统地阐述了他的宽容思想，宣传了他的自然神论和社会宗教的主张。在这部著作中，伏尔泰不仅仅只批判天主教的狂热分子，他还抨击一切宗教的狂热。他对天主教和新教都没有偏见，他一视同仁地批判它们的狂热和褊狭，只不过因为天主教在法国是强者，作恶较多，因而受到的批判更多一些。在《论宽容》中，伏尔泰还倡导捍卫人民的权利，尊重人格的尊严。他认为，无论任何人都有权发表他认为正当的言论，只要它不妨害公共秩序；任何政府没有权利由于人们的错误而处罚他们，只要这些错误不是犯罪。《论宽容》的出版，成为启蒙运动又一重要的宣传材料，在以后的再版中，伏尔泰又陆续作出了许多修改和补充，使之日臻完善，成为人类思想史上不可多得的杰作之一。

《论宽容》的写作初衷无疑是卡拉事件引发的，所以伏尔泰在书的扉页就写上了：为让·卡拉身故而作。这本书也是首先简述了让·卡拉身亡事件的始末，处死让·卡拉的后果。接着伏尔泰开始阐述自己关于宽容和偏执的观点。他从16世纪的宗教改革思想开始启发人们，告诉人们怎样能使宽容为人所接受，以及和宽容相对立的偏执是否为天赋权利等观点。在书的第五章伏尔泰提出了对于宽容的起码要求，涉及立法、司法、社会公正、正义等多方面的问题。然而，《论宽容》的意义绝不仅限于这些要求，伏尔泰通过卡拉事件把宽容的意义扩展了，事件导致的结果不再是单纯地要求信仰自由，而已有争取思想自由、个人自由的寓意。"宽容"（tolérant）这个词在法语里从14世纪就已出现，本来指对于某种自己不赞成的事物，出于宽厚、忍耐而表示容许、容忍，不加以禁止、阻碍或苛求的一种态度；或指容许、容忍他人与自己不同的感情、思想、习惯、行为等的一种内心情绪。到16世纪、17世纪时，新、旧教尖锐对立，为缓和社会矛盾，出现"宗教宽容"的态度和措施，"宽容"的含义便有了一种限定。伏尔泰在《哲学辞典》也写到了 tolérant 的词条，汉语把它译为"信仰自由"，显然这已是广义上的"宽容"概念了。因此，《论宽容》这本篇幅不多的小书，已经刻上了伏尔泰启蒙思想的烙印。他在书中表达的宽容的意义在于思想的自由和个人的自由，这为伏尔泰在《哲学辞典》中阐述信仰自由的概念作了基础和铺垫。伏尔泰一生顽强不懈地战斗，反对封建专制制度，反对作为封建制度支柱的天主教教会。他以大量著作和具体行动表明自己的哲学思想和政治观点，揭露封建专制主义的腐败黑暗，痛斥教会的伪善残暴，以及煽动宗教狂热的罪恶行径。前文所述，伏尔泰对宗教迷信和教会深恶痛绝，他把不能宽容宗教信仰、排斥异己的教会和教士称为"败类"，《论宽容》正是贴上了他"消灭败类"的标签。伏尔泰通过自己的实际行动为卡拉昭雪奔走呼吁，同时以《论宽容》的写作深刻鞭笞教会的卑劣行为。他的顽强斗争最终唤起了人民群众的义愤和革命意识，动员起欧洲的进步舆论，终于使公众接受了宗教宽容、信仰自由的原则，法国大革命中发表的《人权宣言》最终废除了排斥、迫害新教徒的法律。

第 11 章

《哲学辞典》

物质的永恒存在

伏尔泰在诗歌、戏剧、历史、小说、哲学各方面都显示出他是代表整个 18 世纪的伟大作家。他的诗歌、戏剧等名著因严峻的古典主义的唯理主义精神不易为后世所理解与接受，但是他的哲理小说，《哲学通信》及《哲学辞典》至今仍为人们喜爱，并且继续回答着每一时代读者所关心的问题。凡是阅读他这些作品的读者，都会深深感到每一页都在闪耀着灿烂的思想光辉。伏尔泰最令人钦佩之处，就在于他是精力充沛、一生战斗的哲学家。他在哲学上虽然没有独创的学说体系，但是却能在他那个时代，也就是整个 18 世纪提倡和宣传启蒙思想，普及哲学爱好，引起人们热爱理性与真理，憎恶愚顽的传统成见与迷信，特别在反对宗教狂热的战斗中成为一位伟大的旗手和一座照耀思想界的灯塔。

《哲学辞典》也称为《袖珍哲学辞典》或《便携式哲学辞典》，是 1764 年 7 月出版的。当时是以匿名刊印的，伏尔泰对自己最为亲密的朋友也保守着秘密。他对达兰贝尔发誓说，这部讨厌的小辞典绝不是他写的，而是撒旦的作品。他请求达兰贝尔使所有人相信他与这部辞典无关。其实，这部《袖珍哲学辞典》确实出自伏尔泰的手笔，他之所以这样做也是用心良苦的，他担心，万一这部辞典受到指责的话，不怀好意的人肯定又会把矛头指向《百科全书》。

编写这部辞典的念头，最初是有一次在普鲁士国王那里吃饭时偶然想到的，后来几次想动笔都未能如愿。伏尔泰到费尔内定居后，生活安定，无牵无挂了，才有了时间和精力来完成这一夙愿。单从书名来看，这似乎只是一部工具书，实际上，它是一部文学色彩浓厚、颇有趣味的哲学著作。它以简明扼要的形式，概述了伏尔泰本人和其他启蒙思想家的主张和要求。这部《袖珍哲学辞典》继承培尔《历史和批判辞典》的传统，借鉴《百科全书》的形式，按照学科分列单元，按词首字母顺序排列，涉及政治、宗教、文学、艺术、哲学、美学以及社会科学的各个领域，内容丰富，体系庞大。伏尔泰花了整整十年工夫才将它编纂完成。

《哲学辞典》最能全面反映伏尔泰的哲学思想：他坚决反对宗教迷信和主观唯心主义哲学，认为一切思维都不过是感觉的继续与更替，相比于他所推崇的英国经验论哲学家洛克更进一步。他在"感觉"词条中说，有一位伟大哲学家曾经说过："感觉包含着我们的各种能力。"可是，倘若一切知识都来自感觉，那么我们对于"永恒""无限"这类观念又如何能体会呢？在这一点上，他与洛克正相反，是持怀疑态度的。他主张知之为知之，不知为不知，不可不知以为知。又如他在"人类心灵的界限"词条中就表示有许多问题是超越人类心灵的界限的。在"灵魂"的词条中说道："人哪！上帝给了你悟性是为使你能够行动，不是为使你深入他所创造的事物本质。"可见，伏尔泰认为灵魂意味着生命，是人与动物所共同拥有的，只不过人很骄傲，特意为自己设立了一种特有的实体形式，便称之为灵魂。1764 年，当英国人鲍斯威尔访问费尔内时，曾与主人讨论什么是灵魂，伏尔泰主张，在争论它是否存在之前，必须首先了解它到底是什么，但恰恰我们又对它一无所知。伏尔泰虽然反对唯心主义的论断，并且注重使用观察作为一种认识现实真理的武器，可是他同时把一切归之于两个本原：上帝与物质。他把心灵或精神作为沟通这二者的中项，起着桥梁作用。他虽然不知道物质为何物，但并不怀疑物质的存在，并且认为物质是永恒不灭的。所以作为自然神论者的伏尔泰在"物质"的词条中说，没有一条格言比下述这一条更为世人所普遍接受的了："任何事物也不是无中生有的。"伏尔泰认为物质是永恒存在的，广延和运动是物质的必然属性，物质运动是有规律的。但是他承认我们不知道物质是什么，他说："物质是由虚幻构成，这是难以理解的。我们必须承认它的存在，但不要自认为可以说明它；哲学不可能对每一事物都予以说明。许多不可理解的东西，我们必须承认……"因而在"物质"词条中，伏尔泰是用对话体的形式表述"物质"是不可知的："着魔的人：什么是精神？哲学家：我不知道。着魔的人：什么是物质？哲学家：我不知道。我相信它具有广度，硬度，不可入性，重力，可分性，运动性。上帝可以给它一千种我们不知道的性质……哲学家：上帝的力量超出我们的理解力。着魔的人：上帝的力量！上帝的力量！你像一个真正的无神论者一样讲话。"

此外，伏尔泰认为由神明或上帝按照一种目的而组织了永恒存在的物质的说法并无损于宗教信仰。他说："我们今生有幸由于宗教信仰而得知是上帝从虚无中引出了物质。"但是，这种关于永恒物质的学说实际上也有困难很难克服。他在该词条中就说："物质无中生有的学说，也并非不是那

163

样不可理解，应该承认这一学说而不要自诩可以解释它，哲学并不能解释一切。"照他的说法，人类身在其中的这一洪荒宇宙到底是由神创造出来的还是由神加以安排整顿就绪的，对于我们必须遵守的道德规范却无关紧要。他虽然对于有些形而上学问题持严谨的存疑态度，尤其是对于宗教方面的所谓默启或神启，更是讥笑备至，但是遇到实际道德问题，却是毫不迟疑地站出来主持正义维护人道，站出来保护那些被压迫的和那些无辜蒙冤的人，竭尽全力为之昭雪。如同他为卡拉事件的不公平对待先后奔走呼吁十年之久。所以，在道德哲学方面，他是实用主义者，因此他认为对于灵魂必须有一位赏罚严明的最高主宰，才可鼓励善良的人民警惕愚顽。对于广大人民群众来说，即使上帝是没有的，也必须制造出一位上帝来崇奉。由此可见，伏尔泰不是一位真正的形而上学哲学家，他也不能把他所主张的唯物主义坚持到底，而是到了自己无力解决到底物质存在是第一性的还是精神存在是第一性的时候，就同唯心主义和宗教信仰妥协，成为一个自相矛盾的二元论者。

自由和平等是人类的自然权利

《哲学辞典》全面阐述了自由、平等的概念，详细描述了伏尔泰有关言论自由、出版自由、社会平等、政治权利平等的主张，还提出了许多关于法律改革的思想。《哲学辞典》只缺少了《百科全书》中有关科学技术的内容。它以深刻的思想、生动活泼的形式、精辟的阐述集中体现了启蒙思想的精粹，是启蒙运动中一份不可多得的宣传资料。

伏尔泰的理想是追求个人的平等自由和政治上的君主立宪制。伏尔泰认为，一个社会要存在和发展，就必须遵循一些理性的原则。这样的原则除了自爱与博爱外，最重要的原则就是公平、平等和自由。他说，理性、自由和情感是自然赐给人类的永恒人性。因此，自由和平等是人类的自然权利。每一个人就其天赋的生存能力和权利来说，是平等的；就人依据自己的意愿去行动来说是自由的。伏尔泰这些社会理想内容的确立，首先体现在他对平等的理解上。他认为，平等意味着反对等级制度和封建特权，"一切享有各种天然能力的人，显然都是平等的，当他发挥各种动物机能的时候，以及运用他们的理智的时候，他们是平等的"。

伏尔泰对平等的理解也有一个发展的过程。在1734年至1737年写的哲理诗《论人》中，他认为人人平等，无论穷人也好，富人也罢，都有着同样的命运，他要人们安于出身的那个等级，接受命运的安排。在费尔内时，伏尔泰由于广泛接触下层群众，渐渐认识到穷人是没有义务满足于他们的命运的。教会的剥削、不平等的税制、富人的挥霍，这一切都是与人性相悖的不平等的形式。在他看来，根据自然法则，人人都是生而平等的，只有暴力等因素才使一些人成为主宰者，另一些人受到奴役。

伏尔泰虽然主张社会平等，政治权利平等，但是反对经济上的平等。他在《哲学辞典》中说："如果这个地球是它似乎应有的样子，如果人在地球上到处可受到一种安逸而稳妥的生活，一个适合他的本性的地带，那么，一个人显然绝不可奴役另一个人。"换句话说，从属是真正的不幸，而不平等却不等同于不幸，经济上的不平等是不可避免的，只能要求人人在法律上享有平等的权利。那么，人类为什么会产生不平等和特权呢？伏尔泰从人的需要出发，认为人的需要使人生来就有一种强烈的爱财、爱权和好逸恶劳的倾向，喜欢掠夺、剥削和奴役他人。弱肉强食是动物和人类的普遍规律。胜利者成了主人，失败者成了奴隶。这就造成了人类的不平等，产生了特权阶层。因此，为了杜绝不平等和特权的产生，就需要制定法律，以限制人的种种贪欲，保证所有公民的自由和平等。法律是制约特权的最有效手段。在法律面前，人人平等。

"自由"是伏尔泰在《哲学辞典》中反复提到的另外一个概念。自由的原则是伏尔泰终生为之奋斗的理想和社会原则。他把争取自由看作启蒙运动最重要的任务，以至于在他的枢车上人们还书写着："他教导我们走向自由。"

在"自由"词条中，伏尔泰以灵活自如的对话形式表达了自己的自由观，那就是人一旦做想做的事，随时随地都是自由的。自由是人的自然权利，他认为，自由就是只服从法律，除了人们共同制定的、代表其共同利益的法律之外，没有任何东西可以侵犯人的权利。在《哲学辞典》的最后一部分，伏尔泰用他哲学家的思维体系和历史学家的精神视阈阐述了"信仰自由"的概念。他认为，信仰自由首先是人类的特权。任何人，由于他的兄弟与自己信仰不一样便遭到迫害是不可理喻的。然而上升到国家的层面，政府、检察官、国王们又应该怎样对待与他们信仰不同的人呢？伏尔泰说古论今，举证了历史上基督教对于异端分子的敌视做法、犹太民族对于其他民族的宽恕之道、路德派遭到的绞杀待遇等。

作为 18 世纪首屈一指的自由思想家和启蒙思想的泰斗，伏尔泰不仅在理论上，从自然法和人道主义的原则上论证了自由的合理性和人享有自由的权利，而且还在实践上孜孜不倦地为捍卫人的自由，同反动的专制势力进行英勇的斗争。他愤怒谴责奴隶制，指责法国仍在某种程度上保留着中世纪奴隶制的残余。他认为自由首先就是要争取个人自由或人身自由，其次是言论自由和出版自由。他攻击日内瓦当局下令焚烧卢梭的著作，强调一两本书改变不了一个国家的命运或一个重要事件的进程。他举例说荷兰曾出版了五六千本反对路易十四的小册子，但是没有一本导致路易十四在战场上失利。失利有其他原因，它是由事物的内在必然性所决定的。费尔内时期，伏尔泰越来越感觉到教会的剥削、不平等税制的掠夺、富人的挥霍都是与人性相悖的不公平形式。他严厉谴责封建社会的不平等，反对贵族特权和等级制度，认为世袭的特权者是人民的额外负担，应该予以消灭，不应该有任何例外、特权和门第。他积极地主张社会的平等，政治体制的平等。他坚信人生来就是平等的，不过由于人类财富的匮乏，还不可能马上做到经济上的平等，经济上的不平等是一种罪恶，但又是一种必要的罪恶。

伏尔泰关于自由、平等的思想直接为1776年的美国独立战争和1789年的法国资产阶级大革命提供了有力的思想武器。启蒙运动是任何一个摆脱封建生活方式的国家在其文化发展中所必然经过的一个阶段。启蒙运动的主旨在于使所有的人都接受教育和获取知识，使自由发展个性的理想成为普遍原则。启蒙运动的中心问题之一是建立最美好的社会制度，它用自由、平等、博爱的观念激励人们的心灵，追求人人在上帝面前、在法律面前甚至在他人面前的一律平等。以伏尔泰为代表的启蒙思想家们已经同迷信、宗教狂热、宗教偏见以及对人民的欺骗和愚弄进行了不调和的斗争，他们还要进一步推崇和宣传理性，用自己的思想和革命行动来进一步擦亮人们的眼睛，使人们看清自己的弱点和使命，推动人们迈向通往真理的大道。

用理性主义看待宗教问题

在《哲学辞典》中，篇幅最大的内容是关于宗教问题，这大概与他"消灭败类"的宣传运动有关。在"褊狭或不宽容"的词条中，伏尔泰用一段褊狭者绘声绘色的自白嘲讽了他们丑恶的嘴脸和肮脏的灵魂。那个褊狭者把牛顿、洛克、弗里德里希、叶卡捷琳娜、弥尔顿、丹麦君主、莎士比亚、瑞典国王、莱布尼茨、中国皇帝、英格兰议会、莫卧儿王朝的枢密院等分别斥之为异教徒、收税人、无赖或魔鬼。原因是他们都不相信他讲的神学。伏尔泰摘引了一段这位褊狭者冠冕堂皇的胡言乱语，"因为我是正确的，你们是错误的；我有恩惠，你们没有……我用鱼市的语言谩骂哲学家，而你们保护、模仿哲学家，或者就是哲学家……因他，你们每一个人都应该被切掉右手，割掉舌头，严刑拷打，最后用文火烧死，因为上帝是仁慈的"。伏尔泰辛辣地挖苦道，这就是褊狭者的箴言，是他们所有书的概要和主旨，与这样善良和蔼的人一起生活是多么快乐呀！

伏尔泰还系统地论述了无神论和自然神论的问题，他不同意霍尔巴赫主张彻底消灭宗教的思想，而认为宗教是人的生活信心的基础，就像在看不到岸的大海中游泳的人一样，假如有人突然告诉他：别费劲了，这个大海是绝对不存在岸的。那么这个游泳者就肯定不会再有继续游下去的勇气了。伏尔泰认为，社会的两极，即君主和百姓，绝对需要宗教，"宫廷的无神论者，无神论君主会给人类带来苦难"，人们没有约束就不能很好地生活在一起；法律只惩罚公共罪恶，无法约束私人的罪恶，必须有一个行使奖惩的上帝，在现世或未来处罚那些逃脱人类正义审判的那些人。这个上帝，就是他所宣扬的自然神论中的"钟表匠"，即秩序和爱之神。

伏尔泰关于宗教问题的论述直接体现了《哲学辞典》的特点。首先是突出地反对基督教，特别是天主教，反对用宗教狂热的愚昧迷信迫害无辜。其次是强调理性主义的哲学思想，伏尔泰认为只有这种一切从合理的理性出发的思想意识才能为人类带来一线曙光。《哲学辞典》之所以在今日成为人们认识现实、探求真理的读本，就在于伏尔泰在思考问题时都是从合理的理性出发、不囿于一切固有的成见。而他本人也身体力行地敢于面对现实，一直高举理性主义的旗帜。

伏尔泰坚定地认为，17世纪是天才的世纪，18世纪是启蒙的世纪；在 17 世纪中，文学天才是卓越超群的，而在 18 世纪，哲学思想的进步则是以往的世纪所不能比拟的；启蒙世纪虽然在文学上稍逊于天才的世纪，是小人物的时代，但是如火如荼的启蒙运动比天才的时代对人们心灵、对社会风尚、对政治结构的影响要大得多。法国对外战争连年不断，宫廷灯红酒绿，醉生梦死。教会凶狠残暴，法官草菅人命，百姓苦不堪言。面对这种恐怖、阴森的社会现实，许多人对启蒙运动的前途失去了信心。有人在信中责问伏尔泰这位启蒙运动的主将："这难道就是您所粉饰、您所教导的那个启蒙运动的时代吗？每个时代，所有的人都一样，并将永远这样下去。"面对这种尖锐的指责，伏尔泰无言以对，他自己都一度对启蒙运动的前途感到悲观。1762 年 6 月 19 日，他所尽情赞美的日内瓦政府居然也像法国当局一样公开谴责卢梭刚刚出版的《爱弥尔》和《社会契约论》。虽然他不赞同卢梭的思想和主张，但是他同情卢梭的不幸遭遇。他对一向以思想自由、政治环境宽松著称的日内瓦也失去了信心。他十分痛苦地发现，这个世界的每一个事物都是矛盾的。他断言，由于穿着黑衣服的巫士在日内瓦不断活动，试图把人变成野兽，这个城市尚存的微弱理性火花也将熄灭。他甚至失望地预言，狂热战胜理性的时刻到来了。不过，伏尔泰并没有向黑暗势力低头，他很快从低落、失望的情绪中摆脱出来，又不屈不挠地站到了反对败类、宣传启蒙运动的最前列。他年事愈高，消灭败类的决心愈坚定。1763年，他在给爱尔维修的信中，追述了从丰特诺瓦以来，理性在法国取得的节节胜利，赞扬了英国对法国的影响。法兰西民族不仅从海峡彼岸学到了科学真理，吸收了经济学原理和工商业知识，而且还接受了他们高尚的自由思想和他们对经院哲学的蔑视。法国的现状虽然还不尽如人意，还存在着狂热、褊狭和不公正，但是启蒙运动的思想已经在这块古老的土地传播并深深扎根，为数众多的自由思想家赢得了人们的普遍尊重。

耶稣会在法国的势力很大，倚仗罗马教皇的支持，有恃无恐地从事着阴谋活动。耶稣会教士骄横跋扈，作恶多端，不仅招致其他各修会的嫉妒与反感，而且也为世俗的政权所痛恨。法国高等法院同情高卢教会派和冉森派，憎恶耶稣会，一直在寻找机会清除这一国中之国。1761年，马赛一个由耶稣会教士经营的商行破产，法官们以此为借口，宣布耶稣会的章程与国家的法律相抵触，并查封了一些耶稣会学校。虽然法国宫廷也倾向高卢教会，但是为了对抗胡格诺教派和冉森教派的信徒，谋求在对外战争中得到罗马教皇的支持，自路易十四以来，法国宫廷一直对耶稣会采取宽容的态度，并给予保护和支持。耶稣会教士忠于教皇，不服从法国国王，他们的为所欲为严重影响了宫廷的利益，并冒犯了国王的尊严。受启蒙思想家影响较大的舒瓦瑟尔掌握大权之后，在蓬巴杜夫人的支持下，于1762年下令解散耶稣会，把耶稣会教士驱逐出国。百科全书派的兄弟们听到耶稣会教士将要从这个国家被驱逐的消息后，欣欣鼓舞。达兰贝尔甚至还大言不惭地说，杀死耶稣会教士的不是冉森派教徒，而是哲人党，是《百科全书》杀死了上帝。他还乐观地估计说，耶稣会教士受到致命的打击后，下一个该轮到冉森派教徒了，一个建立宽容、僧侣结婚、废除忏悔、败类灭绝、新教徒回国的美好明天即将到来。伏尔泰也认为，耶稣会教士被驱逐是启蒙运动取得很大进步的迹象。但是，他没有达兰贝尔那样乐观，他清楚这场斗争的长期性和复杂性，他看到了启蒙运动和自由思想的敌人绝不仅仅是某一个具体的教派，而是一股反动落后的势力，他形象地说："如果把我交给狼的话，从狐狸手里被救出来又有什么好处呢？"

第 12 章

"这里是我的心脏，但到处是我的精神"

生命里最后的荣誉

1764 年后，伏尔泰先后过了 70、80 岁的生日，他的影响愈来愈大，声望越来越高。他不仅是法国文坛首屈一指的巨匠，在欧洲知识界也成为举足轻重的元老级人物。大家不再把他当作普通人看待，而把他视为法兰西智慧的象征。即使是一些著名宗教人物，也不会因他不顾教会的反对而上演某个喜剧而贸然向朝廷控告他；在从前会把他监禁起来的大臣，此刻也得考虑对他处理不慎可能招致的不良后果，最多也只不过是写一封措辞严厉的信对他提出批评而已。

1769 年，圣朗贝发表了题为《四季》的叙事诗，高度

174

称赞伏尔泰一生的文学成就。他还着重肯定了伏尔泰在《亨利亚特》等史诗上的伟大成就，认为伏尔泰在戏剧创作上的贡献，要超过拉辛和高乃依，他的历史著作和哲学著作描绘了所有时代和所有国家的风俗，第一次把人类的智慧史作了系统的总结。伏尔泰不仅是他所生活时代的巨匠，而且在以前的任何时代也是第一流的大师。受圣朗贝《四季》诗的影响，伏尔泰沉寂了多年的诗兴又开始勃发。在此后的几个月里，他放下了手中许多工作，把精力集中到了诗歌的创作上，接连发表了许多热情洋溢的诗篇。这些诗篇生动描绘了乡村的恬静、优雅的隐居生活，抒发了自己对美好人生的向往。在一首《致圣朗贝先生》的诗中，他称《四季》这首感人肺腑的诗歌增加了他对乡村生活的热爱。十五年来，他一直生活在这远离闹市的乡野，对这里的土地和纯朴的乡亲，已有了一种难舍难分的感情。他表示他倡导和支持的移民开垦土地的工作，将比他的文学作品发挥更大的作用。对普通劳苦大众来说，物质生活的脱贫致富比精神生活的充实更有吸引力。

伏尔泰在领导启蒙运动的同时，还在费尔内致力于为当地普通人谋福利，这一工作使他成为第一位身体力行的启蒙思想家。他积极宣传自己的启蒙理想，努力实践自由平等的主张。他在费尔内的一举一动不仅引起法国舆论的关注，而且也为整个欧洲所瞩目。他被称为法国的天才和法兰西民族的骄傲，他的巴黎友人发起了为他建造纪念像的活动。1770年年初，在日内瓦驻法国外交代表雅克·内克尔的家里，十七位哲学家欢聚一堂，他们包括达兰贝尔、絮阿尔、爱尔维修、狄德罗、马尔蒙代夫等著名人物。在餐桌上，支持启蒙事业的内克尔夫人提议，为了向伏尔泰表示崇高的敬意，大家集资为这位老人塑像。这一建议立即得到了在场哲学家们的一致赞同。他们决定把这一工作委托给当时法国最优秀的雕塑家皮加尔。1770年4月，内克尔夫人正式向伏尔泰通报了这项荣誉，她说，这一活动已经得到四十多位朋友或崇拜者的捐款。卢梭听到这一建议后，也立即作出了积极的反应，虽然他与伏尔泰长期不和，但是他仍尊敬伏尔泰在文学上的成就，他认为为伏尔泰雕像"这是法兰西和这个世纪的荣誉"。后来，俄国女皇叶卡捷琳娜、普鲁士国王弗里德里希、波兰前国王斯坦尼斯瓦夫和丹麦国王也先后加入了捐款人的行列。伏尔泰得知这一消息后非常高兴，尤其使他感到满意的是居然还有这么多欧洲国王为他捧场。他幽默而又不无遗憾地说："我有了一手的王，但我应当胜这一局。这个荣辱交错，黑白相映的生涯，你不觉得敬佩吗？在我的四王之中没有一个南方之王，你不觉得遗憾吗？"弗里德里希可能是考虑过去确实有负于伏尔泰，他对捐款塑像的工作尤为热心。他不但迅速寄来了捐赠款项，而且还写了一封信对伏尔泰进行了高度评价，他请求达兰贝尔在法兰西学院宣读这封热情的来信。弗里德里希在信的开头这样写道："伏尔泰得到的最美的纪念碑是他自己树立起来的，他的著作将比圣彼得教堂、罗浮宫这样的建筑都会存留得更为长久。"

雕塑家皮加尔与伏尔泰一样，是古典主义的崇拜者。他把为伏尔泰塑像看成是国家和人民的重托，认为伏尔泰的塑像必须完美体现法兰西民族的智慧，展示给人们的应该是一位智者的形象。经过多次精心的构思，皮加尔为伏尔泰设计了一座裸体坐像。晚年的伏尔泰格外消瘦干瘪。对他干瘪的程度，后来撰写《法国历史轶闻》的勒诺特尔有过夸张的描绘。他说伏尔泰死后若干年，当人们开启他的棺椁捧出骷髅时，在场的人居然还认得他。皮加尔最终完成的雕像是一位一丝不挂、半坐着的形销骨立的老人。它栩栩如生地刻画出了伏尔泰的相貌气质，成功地展示了一代哲人的风采。伏尔泰本人对塑像也颇为满意，他自我解嘲地说，不论穿衣还是裸体，他干瘪的身体都不会再对夫人太太有丝毫挑逗。马尔蒙代夫为这尊雕像题献了一首诗，他热情称赞皮加尔把伏尔泰塑造成了一位反对无知、反对狂热哲学和狂热人类的健壮的运动员。

在伏尔泰生命的最后时光，还有两位著名的雕塑家曾经为他塑像。1776年，罗马教皇派弗朗索瓦·马丽·彭赛到费尔内，为伏尔泰制作一尊胸像。这尊胸像是以白色大理石为材料、以真人同等尺寸塑制的，它的胸部和肩部裸露，其他部位缠着衣饰，体现的是另外一种古典风格。当这一作品的复制品送到费尔内时，伏尔泰已经在巴黎与世长辞了。狄德罗非常敬仰这位启蒙大师，他晚年曾在自己的写字台边放着这尊伏尔泰胸像的复制品，可能是心理作用在作怪，每当他把眼光转向这位已经故去的伟人时，他都禁不住感到，伟人正在嘲笑自己写作的东西。后来，他不得不让人把这尊雕像请到了别的房间。伏尔泰的嬉笑怒骂、冷嘲热讽，甚至让狄德罗也畏惧三分。

1777年，曾经为狄德罗、卢梭和达兰贝尔等人塑像的著名雕塑家乌东也开始为伏尔泰塑像。1778年2月，当伏尔泰回到巴黎时，他征得老人的允许，抓住时机先为他翻制了面模。此后，他怀着对这位伟人的无比崇敬之情，夜以继日地工作，迅速完成了几件伏尔泰的胸像和全身坐像的创作。乌东于1781年完成的伏尔泰坐像，分别赠送给了法兰西喜剧院和俄国女皇叶卡捷琳娜。后来人们对这些坐像评价很高。伏尔泰端坐在一张安乐椅上，身披古罗马式的长袍，从衣褶下可明显看出他瘦弱的体形，稀疏蓬松的长发自然地沿耳际垂到肩上，头上绕着的缎带，象征着法兰西喜剧院给他的荣誉桂冠。他那戏谑、刻薄的表情，仿佛正在仔细地倾听着什么；他身体略向前倾，双手按在椅座上，好像随时准备跳起来，为人们打抱不平，嘲讽人间的罪恶。

凯 旋 巴 黎

在费尔内，伏尔泰虽然过着富裕安逸的生活，但他心中依然常常惦记着繁华而浪漫的巴黎。因为那里是他生长的地方，也是他初露头角的地方。碧波荡漾的塞纳河，留给了他许多美好的记忆；迷人的花都之夜，激起他无尽的遐想；恢宏的法兰西喜剧院，给他带来了数不清的荣誉。爱米莉去世后，伏尔泰已有二十九年没有到过巴黎了。自从他离开学校，走上人生道路之后，还从没有在哪个城市连续生活过两年以上的时间。他认为自己还远不如普鲁士、英国、瑞士、荷兰等国的旅行家熟悉那座欧洲的橱窗。伏尔泰想趁暮年之际再度探望巴黎。虽然官方没有正式禁止他回巴黎，但是路易十五曾多次对伏尔泰这样的愿望置之不理。现在这个专横暴虐的国王已经不在人世了，刚即位不久的路易十六，虽然也是一个胸怀狭窄的人，从路易十五那里承袭了对启蒙思想家的仇恨，可是鉴于国内财政的枯竭，人民怨声载道，他已无法阻挡伏尔泰返回巴黎的行动了。

1778年2月初，德尼夫人一行先期动身前往巴黎。两天后，在瓦格瓦埃的陪同下，伏尔泰乘坐他的可卧式马车，带着一个长柄炭炉出发了。当他到达巴黎郊外的入城关卡时，稽查人员请他停车检查，并询问他是否携带了违反国王命令的东西，这位老人幽默地说："这里除了伏尔泰之外，没有其他违禁品。"2月10日傍晚，伏尔泰终于来到了他梦牵魂绕的巴黎。启蒙泰斗的骤然降临，一下子轰动了全城。妇孺老幼奔走相告，成群结队的市民热烈地欢迎伏尔泰的凯旋。人们在咖啡馆、在公园、在街上、在自己的家里都在谈论着伏尔泰。昨天还被人们津津乐道的有关战争的消息、宫廷的绯闻、皮奇尼派和格吕克派的论战，现在全都被人们抛到了脑后。伏尔泰最初住在维莱特侯爵的府邸，临近的波纳路和塞纳河沿河路成为巴黎最为热闹的街道。成千上万的居民从四面八方赶来，都想一睹"费尔内教长"的风采。各界知名人士也纷纷前来向他们敬仰的大师表示敬意。法兰西学院打破惯例，派遣代表赶来拜谒；法兰西喜剧院的演员们集体前来拜访伏尔泰，向这位为他们写过二十多部剧本的文坛巨匠致敬。许多自由思想家，如内克尔夫人、杜尔哥、里舍利厄公爵和狄德罗、达兰贝尔、马尔蒙代夫等也纷纷前来探望他们的精神领袖。维莱特侯爵的府邸一时被朝拜的人群挤得水泄不通。

伏尔泰在巴黎还接待了美国资产阶级革命家和著名科学家本杰明·富兰克林的来访。富兰克林当时正在法国访问，试图协调美法关系，缔结共同反对英国殖民主义者的同盟。伏尔泰过去没有见过富兰克林，只收到过别人带来的一封信，他也曾托德波卡哥夫人转寄给富兰克林一封信，表达自己对起义者的同情和支持。当富兰克林带着孙子本杰明·富兰克林·巴赫前来拜访这位欧洲元老的时候，他要巴赫跪在伏尔泰的面前，请求老人为他赐福。老态龙钟的伏尔泰万分激动，他颤抖着用英文说道："我的孩子，上帝和自由，记住这两个词。"然后紧紧地拥抱了这个可爱的孩子。欧洲第一名流与富兰克林爷孙戏剧般的相会场面令在场的二十多位宾客感动得热泪盈眶。4 月 29 日，伏尔泰和富兰克林又在法兰西科学院的一次会议上不期而遇，人们认为他们分别是旧世界和新世界宽容的代表。他们在会上亲切地握手，但是激动的人群还觉得不过瘾，四面八方的人们一致叫喊着，要求他们按照法兰西的礼节，来一次热烈的拥抱。两位新、旧时代的伟人，按照人们的要求，紧紧地拥抱在一起，互相吻着对方的面颊。顿时，宽阔的会议大厅内掌声如雷鸣般响起，欢呼、叫好声连绵不绝。后人曾将此次相会说成是"民主政治与自然神论的握手"，是"梭伦和索福克勒斯的拥抱"。

伏尔泰在离开费尔内之前，又完成了一部悲剧《伊莱娜》的创作，他将其交给法兰西喜剧院排演。这部悲剧讲的是君士坦丁堡一位篡夺王权的阴谋家强迫公主伊莱娜和他结了婚，而伊莱娜却热烈地爱慕着合法的王位继承人阿雷克西，阿雷克西也爱恋着伊莱娜。阿雷克西后来在人民的支持下，起兵清除了篡权者，重登王位，他准备娶伊莱娜为妻。但伊莱娜做僧侣的父亲坚决主张他的女儿必须遵循国家的风俗，丈夫死后不得再次改嫁，而必须进修道院以终其身。伊莱娜不能与自己理想的意中人结合，又不甘心进修道院了此一生，结果，她只能悲愤地自杀殉情。《伊莱娜》在排演时，演员们的意见分歧很大，伏尔泰担心公演会受到影响。假如《伊莱娜》公演失败，他肯定会遭到人们的耻笑，而这是这位正处于荣誉巅峰的老人所不愿意看到的。回到巴黎后，他亲临排演现场，设法统一演员们的意见，积极指导排练。他写信给弗里德里希说："我竭力在巴黎避免两件事：嘲笑和死。我在84岁上要能逃过这两种致命的疾病才是有趣的呢。"3月11日，法兰西喜剧院隆重上演经过精心准备的《伊莱娜》，盛况空前。伏尔泰并未受到人们的嘲笑，恰恰相反，人们更加如醉如痴地追随着他，赞美着他。

3月30日，伏尔泰乘坐一辆绘着金星的蓝色马车来到法兰西学院参加会议。由于大家都知道伏尔泰要出席这次会议，四十位院士中，除了兼任神职的院士有意回避外，其他人都等在门口迎接他的到来。当他到达学院时还有两千多人聚集在罗浮宫的庭院里，他们高喊着："伏尔泰先生万岁！光荣啊，世界的伟人！"伏尔泰从欢呼的人墙中走过，院士们陪同他来到了会场，会议开始后，院士们以鼓掌通过的方式选举他为以后三个月的会议主席。伏尔泰非常高兴，虽然已到风烛残年，但依然充满着年轻人的活力。他与院士们亲切交谈，并草拟了一个宏伟的计划，他建议由法兰西学院牵头编纂一部法文大辞典，这一提议很快获得通过，伏尔泰自告奋勇地承担了 A 字条目卷的编纂任务。

伏尔泰返回巴黎产生了空前轰动的效果，举国民众莫不为此感到欢欣鼓舞，他们赞美他辉煌的业绩，衷心祝福慈祥的老人健康长寿。但是对伏尔泰凯旋式的返回，凡尔赛宫却似乎无动于衷，宫廷成员没有人来看望他，除了同窗好友里舍利厄公爵和达让塔尔外，其他贵族也很少露面，这使伏尔泰非常失望。他甚至还对路易十六寄予过希望，满以为路易十六会不再计较自己与他父辈的恩恩怨怨了。作为三朝元老，路易十六完全应该来看看自己，至少可以派王后前来探望一下，然而，路易十六根本就没有这样做。一辈子寄希望出现开明君主的伏尔泰又一次失望了。

1778 年 2 月 25 日，伏尔泰在指导法兰西喜剧院演员们排演《伊莱娜》时，由于奔忙过度，开始吐血。伏尔泰开始预感到自己不会久留人世了。为了对世人有所交代，他抱病写下了一首不长的抒情诗《与生命诀别》。在这首著名的短诗里，他回顾了自己一生所经历的道路，发出了对教会仇敌的诅咒，为学究、宗教狂热者和伪善者画了一幅绝妙的讽刺画，同时也表达了对自己身后命运的担忧。

伏尔泰写道："在光荣的世界舞台上，我们所起的作用都不大，我们全都迂回曲折地走去，我们都要受到世人的嘲骂。我向这个世界告别的时候，大家都同样地痛苦和悲愁：大主教，司法官，拘于礼节的乡愿。让看守圣器的人在感到临终的征兆后，高举着铃铛，匆匆跑到床旁，让主任祭司为受了委屈而迷惑的灵魂，做临终的祈祷——这种庄严的样子对人们来说真是滑稽可笑；他们在任意诽谤中伤之后，整个一天都说一些无聊的闲话，而到明天他们就会把你忘掉，闹剧也就在这儿完结了。"

这铿锵有力的诗章，是一代哲人对生活哲理的剖析，也是伏尔泰一生的自我总结。他德高望重，却不居功自傲；他为社会正义不懈地战斗，但从不夸大个人的历史作用；他意识到自己的生命已经垂危，但他仍不放弃揭露与嘲讽宗教的伪善。

1778年5月30日晚上7点多钟，巴黎高尔蒂埃和圣苏尔庇斯区两位神父一起来到了伏尔泰的病床边，他们是自己找上门来为伏尔泰作临终忏悔的。床上的老人已僵卧不动、气息奄奄。神父们希望临终的伏尔泰能对自己一生对基督教的不敬"幡然悔悟"。忏悔师戈特神父别有用心地问道："我的孩子，您是否相信耶稣基督的神性呢？"伏尔泰听了这话，便使劲地挣扎着从床上爬起来，他颤抖着将手伸给其中一位神父，让他吻着。伏尔泰说："那么，劳驾您，让我安静些吧。"他讨厌神父的啰唆。但是，毫不知趣的神父还是赖着不走，他们既然来到这里，是不会轻易放过这位弥留之际的老人的。神父反复地问道："我的孩子，您是否相信耶稣基督的神性呢？"神父总想得到他们满意的回答才肯罢休。虽然伏尔泰也曾和神学妥协过，甚至晚年还在费尔内建造过一座小教堂，但是世界上的任何东西都不能强迫他和基督妥协。他是自然神论者，他相信世界是由神创造的，他始终怀疑耶稣基督的存在，并强烈反对由此引发的宗教狂热。当神父喋喋不休地向这位毕生与封建教会和宗教狂热分子作殊死斗争的老人提出这一愚蠢的问题时，弥留之际的伏尔泰再也难以忍受心头的怒火，他骤然伸出手臂，张开手掌，绝望地叫道："让我安静地去死吧！"但是不知趣的神父还一再坚持要伏尔泰作答，临死的老人被逼得狂怒起来，他使出自己最后仅有的一点点余力，握紧拳头狠狠敲打着床边，声嘶力竭地呼喊着，谁也听不清他在呼叫着什么。然后，他在最后倒下去的时候，留下的一句话却让在场的人都听得很清楚："请永远不要向我谈到基督！"这句振聋发聩的话语，成了伏尔泰留给世人的最后嘱托。

当晚 11 点整，一代大师伏尔泰带着他对人世间美好事物的深深眷恋，带着对敌人的满腔仇恨，溘然长逝了！一颗辉耀了八十四年的巨星从法兰西的天空上陨落。伏尔泰逝世后，自由思想家的敌人果然没有放过他，教会宣布他为无神论者，政府和教会都不同意把他葬在巴黎。亲友们只得按照事先的计划秘密将其遗体运到香槟省，安葬到了塞里耶尔修道院。

1791 年葬入巴黎先贤祠

1791 年 7 月 1 日清晨，巴黎市民成群结队，早早来到了庄严肃穆的圣吉纳维夫教堂。这是一座 1757 年修建的宏伟建筑，具有典型的新古典主义建筑风格。它的平面呈十字形结构，交叉处有高高耸立的穹隆顶，四翼是较低的覆有坡屋面的扁平穹顶，正面仿照罗马万神庙的形式设计建造，东翼是科林斯柱式的柱廊和三角形心花。法国大革命中，资产阶级革命党人把这里改作安放革命党崇敬的伟人的先贤祠。

一个多月前，大革命后成立的国民议会曾两次发表公告，决定把一位遭旧制度迫害的伟人的遗骨迁葬先贤祠，并在这里补行国葬。这天，巴黎市民倾城出动，正是为了目睹这一非同寻常的葬礼。突然，先贤祠外肃立的人群骚动起来，远处的大路上，一辆运着黑色棺木的马车正朝这里匆匆驶来，人们猜想，这可能就是星夜兼程从香槟省赶来的灵车了。随着灵车的靠近，人们发现灵柩两边还有两幅黑色的挽幛，挽幛上写着非常醒目的两行大字：

他为卡拉、拉拜尔、西尔文和蒙巴义洗刷了耻辱。

他是诗人、哲学家、历史学家；他使人的理性飞速发展，他为我们的自由铺平了道路。

"卡拉的恩人来啦！"经过很长时间的等待，人们终于盼来了他们崇敬的伟人。人们真诚地为他的亡灵祈祷，为他能在巴黎先贤祠安息而欢呼。灵车在人们的欢呼和抛撒的鲜花中缓缓驶向先贤祠，黑色的灵柩在雄壮的《马赛曲》中徐徐入墓。

人们安葬的这位伟人就是伏尔泰。

有人说，中世纪是上帝的时代，17世纪是君主的时代，而18世纪则是伏尔泰的时代。伏尔泰一生致力于揭露和批判黑暗的封建制度和宗教统治，"为行将到来的革命而开导人们的头脑"。被人们誉为"欧洲思想界的泰斗"，启蒙运动的领袖和导师。伏尔泰在八十四载漫长的人生道路中，取得了辉煌的成就，享有崇高的荣誉。他刚刚 20 岁出头就成为著名的悲剧作家，被誉为"高乃依和拉辛的继承人"。此后，他在哲学、史学方面又先后写出了多部震惊世界的巨著。1743 年他当选为英国皇家学会会员，1746 年他成为法兰西学院院士。他曾一度成为法国国王和王后的宠臣，普鲁士国王、俄国女皇和波兰前国王等也和他有着十分友好的关系；他出入上流社会，王公大臣、贵妇名媛都把他奉为上宾；他的许多同窗好友都担任国家要职，他与许多贵夫人的关系也非同一般。但是，他也经受过无数次痛苦的磨难。在 18 世纪受迫害的自由思想家中，还没有一个人像伏尔泰这样受到如此之多的"殊荣"，有案可查的流放或"自愿流放"——逃亡，就有七八次之多，最长的一次竟达二十九年之久。他两进巴士底狱，这是孟德斯鸠、拉美特利、爱尔维修、霍尔巴赫诸辈，甚至卢梭也没有"享受"过的"待遇"。就连《百科全书》的主编狄德罗也只进过一次监狱，还不是"最高档次"的巴士底狱，而仅仅是文森监狱而已。伏尔泰不懈地为争得生活与精神的自由、正义和法律而呼唤。他是反暴政、偏执和酷虐的斗士。他赞成什么，反对什么，整个社会都倾听着他的声音。与他同时代的评论家杜威尔纳说过：

"任何国君也不能有如此类似的威望来控制舆论。"伏尔泰以他毕生的斗争经历证明，他是一个健全而伟大的人，是他的时代的肖像。正如维克多·雨果所说的那样："伏尔泰的名字所代表的不只是一个人，而是整整一个时代。"伏尔泰的雄辩天才和嬉笑怒骂的嘲讽才能，曾经令反动教会和专制统治者闻风丧胆，自由思想家和进步人士则对此万分崇拜和钦佩。他的这一非凡的才能，时至今日仍无人能望其项背。他一生都在不停地思考，不屈地斗争，不倦地写作。他为后人留下了大量弥足珍贵的遗产。他九十多卷的浩繁著述，涉及自然科学、历史、哲学、文学、政治、法律、美学等各个领域，并且在诸多领域作出了独特的贡献。他当之无愧地成为他所处时代的精神之王，他是当之无愧的历史巨人！

灵魂总是有生有灭的，但是塑造一个时代的精神却是不朽的。伏尔泰死后，他的心脏被人们精心地装在一只盒子里，存放到了巴黎国家图书馆。盒子上刻着他生前一句最能体现他的性格的话：这里是我的心脏，但到处是我的精神。

法国人民为法兰西民族拥有伏尔泰这样一颗伟大的心灵而骄傲和自豪。尽管伏尔泰预言的法国大革命已经过去二百二十一年，但是伏尔泰不朽的英名仍在法兰西广泛传颂。伏尔泰作为世界文化巨人必将永远活在世界人民心中。

附录

年　谱

1694 年　11 月 21 日出生于巴黎，取名弗朗索瓦·玛丽·阿鲁埃。

1704 年 10 月—1711 年 8 月　在圣路易中学读书。

1711 年　9 月，在法科学校读书，私下写诗重于正课学习。

1713 年　9 月，短期任职驻荷兰使馆；被送回后当实习律师。

1716 年　因写作的两首讽刺诗激怒摄政王奥尔良公爵，被逐出巴黎，暂居沙特奈，年底返回。同年完成《俄狄浦斯》的写作。

1717 年　因讽刺诗再次恼怒摄政王。5 月被捕，囚禁巴士底狱十一个月，其间完成部分《亨利亚特》的诗稿。

1718 年　首次用伏尔泰的笔名发表《俄狄浦斯》。11 月上演，获得悲剧作家名声的认可。

1719 年　因写诗涉嫌讽喻当局再次被逐出巴黎。

1722 年　因父亲死亡而继承部分家产。同年 10 月，联系在海牙出版《亨利亚特》未成功。

1723年 《亨利亚特》于秋天秘密出版,印两千册。同年间,第一次做商业投机,使家产有所增加。

1726年 因与罗昂骑士结仇被报复入巴士底狱,5月,流亡英国。

1727年 3月,参加牛顿葬礼。写作《查理十二世》,成为法国文学中的第一部近代史著作。

1728年 在英国出版《亨利亚特》。同年开始写作《哲学通信》。

1730年 12月,在英国写作的悲剧《布鲁图斯》上演。

1732年 8月,写作完成悲剧《查伊尔》,并上演。12月,写作完成论文《趣味的圣堂》。

1733年 结识西莱城的夏特莱侯爵夫人。在伦敦出版英文版《哲学通信》,书名为《英国通信》或《关于英国人的通信》。

1734年 在法国秘密出版《哲学通信》。

1736年 上演悲剧《阿尔琪尔》。同年7月,普鲁士太子腓特烈二世来函求教。

1737年 与腓特烈太子通信频繁,全年共收到太子来函三十七封。

1738年 在荷兰出版普及本《牛顿哲学原理》,通俗而详细地介绍了牛顿在力学、光学、天文学、数学等方面的主要发现和发明，也叙述了牛顿晚年神学著作中的观点。同年，写作《论人类》哲学诗七篇，后来收入著作《哲学辞典》。

1740年　9月，在克利夫斯会见已经登基的腓特烈二世。

1741年　4月，在里尔上演悲剧《穆罕默德》；次年在巴黎上演。

1743年　11月，当选英国皇家学会会员。同年，在巴黎成功演出悲剧《墨洛佩》。

1744年　经过疏通返回巴黎。写作歌颂王储婚礼的喜剧，深得王室好评。

1746年　发表哲理小说《如此世界：巴蒲克所见的幻象》。4月，当选法兰西学院院士。11月，在枫丹白露受命，任路易十五王室的侍臣。

1747年　匿名发表哲理小说《查第格》。

1748年　上演悲剧《塞米拉米斯》。5月，在正式仪式上被纳入法兰西学院。

1749年　6月，上演喜剧《纳尼娜》。8月，写作完成《罗马得救记》。

1750年　写作完成主张政教分离的小册子。6月至7月，应腓特烈二世邀请到波茨坦。

1751年　在柏林出版《路易十四时代》。同年，在巴黎出版《百科全书》第 1 卷。

1752 年 《百科全书》第 2 卷出版，遭宗教势力疯狂攻击。9 月，着手编《哲学辞典》。同年出版哲理小说《密克罗梅加》。

1753 年 元旦，因卷入柏林内斗，退回十字架勋章及王室侍从要职。3 月，离开柏林。

1754 年 在日内瓦定居继续《百科全书》的写作工作。

1755 年 8 月，在巴黎上演模仿中国《赵氏孤儿》的《中国孤儿》。

1756 年 旧作《咏自然法则》及关于大地震的诗一并发表。同年，发表在 1752—1756 年间写作完成的《论（查里曼到路易十三的）通史》七卷本、《风俗论》。同时，《百科全书》出版至第 6 卷。

1757 年 10 月，《百科全书》出版至第 7 卷。

1758 年 在日内瓦附近的费尔内购置产业、投资设厂。

1759 年 巴黎高等法院查禁《百科全书》，伏尔泰的《咏自然法则》等八种书被焚。同年，《彼得大帝时代的俄国史》第一卷及《赣第德》出版。

1760 年 秋，出版悲剧《唐克雷特》及用假名发表讽刺诗《可怜虫》。喜剧《苏格兰女人》上演。

1761 年 秋天，在费尔内建成私人小教堂和小剧院。

1762年　4月至6月，坚决支持胡格诺教徒让·卡拉的家属，争取为惨遭车裂的让·卡拉平反。1765年，让·卡拉得到平反昭雪。

1763年　出版《彼得大帝时代的俄国史》第二卷。同时在日内瓦匿名发表《历史的哲学》。

1764年　出版哲理小说《让诺与科兰》。7月，匿名出版汇集《百科全书》条目的《哲学辞典》。

1766年　出版哲理小说《天真汉》。

1767年　在日内瓦出版哲理小说《巴比伦公主》。同时在费尔内开办工厂作坊，并办学，由于支持公道、兴办实业，被誉为费尔内的"伏尔泰大王"。

1768年　出版哲理小说《有四十金币的人》。

1769年　出版《巴黎高等法院史》。

1770年　著文为蒙巴伊夫人"凶杀"错案辩诬，并揭露法院的污浊黑暗。

1771年　《百科全书》在主要编写者陆续去世后，伏尔泰出齐正文、补编、图册版等全部三十五卷。

1774年　写悼念路易十五的文章，友人们期望借此博得即位君主的开恩，准许80岁的伏尔泰返回巴黎。同年托名发表最后的作品：哲理故事《白公牛》。

1777年　翻译《伊利亚特》第六卷。

1778年　出版悲剧《唐彼德罗》。2月，返回阔别二十九
　　年的巴黎。同年，出席《伊莱娜》第六场演出。3月，
　　出席法兰西学院大会，主持编撰一部新的法语大字典，
　　并承担 A 条目的编写。5月30日夜里去世。

主 要 著 作

1. 讽刺诗《幼主》，1717 年发表。

2. 悲剧《欧第伯》，1718 年发表。

3.《亨利亚特》，1723 年出版。

4.《论法兰西内战》，1729 年出版。

5. 长诗《赞成和反对》，1732 年出版。

6.《哲学通信》，1734 年出版。

7.《牛顿哲学原理》，1738 年出版。

8. 哲理小说《查第格》（或《命运》），1747 年出版。

9.《路易十四时代》，1751 年出版。

10. 中篇小说《米克洛美加斯》，1752 年出版。

11.《百科全书》第 2 卷（字母 B、C 条目），1752 年
出版。

12.《关于政府的思想》，1752 年出版。

13.《百科全书》第 3 卷（字母 C 条目），1753 年出版。

14.《百科全书》第4卷（字母C、D条目），1754年出版。

15.《百科全书》第5卷（字母D、E条目），1755年出版。

16.《风俗论》，1756年出版。

17.《百科全书》第6卷（字母E、F条目），1756年出版。

18.《百科全书》第7卷（字母F、G条目），1757年出版。

19.《彼得大帝时代的俄国史》第1卷，1759年出版。

20.喜剧《苏格兰女人》，1760年出版。

21.民族历史题材悲剧《唐克雷特》，1760年出版。

22.《向欧洲各国人民号召》，1761午出版。

23.《百科全书·图册》第1—5卷，1762年出版。

24.《梅里叶遗书摘要》，1762年出版。

25.《彼得大帝时代的俄国史》第2卷，1763年出版。

26.《论信仰自由》，1763年出版。

27.哲理小说《让诺和科兰》，1764年出版。

28.《中国情况入门》，1764年出版。

29.《哲学辞典》，1764年出版。

30.《百科全书》后8卷，1765年出版。

31.中篇小说《天真汉》，1766年出版。

32.《无知的哲学家》，1766年出版。

33. 哲理中篇小说《有四十金币的人》，1768 年出版。

34.《巴比伦公主》，1768 年出版。

35.《关于百科全书问题》，1770 年出版。

36.《上帝，反驳〈自然体系〉》，1770 年出版。

37.《百科全书·图册》第 8 卷、第 9 卷，1770 年出版。

38.《百科全书·图册》第 10 卷、第 11 卷，1770 年出版。

39.《终于得到解释的圣经》，1771 年出版。

40.《〈亨利亚特〉作者的著作的历史说明》，1775 年出版。

41. 哲学散文《埃维梅雷对话集》，1777 年出版。

42. 悲剧《唐彼得罗》，1778 年出版。